CIAO!

Secondo libro

Michael Buckby project co-ordinator

Jenny Jackson principal author

Kathy Wicksteed co-author

Nelson

Thomas Nelson and Sons Ltd
Nelson House, Mayfield Road
Walton-on-Thames, Surrey
KT12 5PL UK

51 York Place
Edinburgh
EH1 3JD UK

Thomas Nelson (Hong Kong) Ltd
Toppan Building 10/F
22A Westlands Road
Quarry Bay, Hong Kong

Thomas Nelson Australia
102 Dodds Street
South Melbourne
Victoria 3205 Australia

Nelson Canada
1120 Birchmount Road
Scarborough, Ontario
M1K 5G4 Canada

© Language Teaching Centre, University of York 1991

First published by Thomas Nelson and Sons Ltd 1991

ISBN 0-17-439230-3
NPN 9 8 7 6 5 4 3 2

All rights reserved. No paragraph of this publication may be reproduced, copied or transmitted save with written permission or in accordance with the provisions of the Copyright, Design and Patents Act 1988, or under the terms of any licence permitting limited copying issued by the Copyright Licensing Agency, 90 Tottenham Court Road, London W1P 9HE.

Any person who does any unauthorised act in relation to this publication may be liable to criminal prosecution and civil claims for damages.

Printed in Hong Kong

Acknowledgements

The authors and publishers would like to thank La Raccolta Enigmistica for permission to use their cartoon on p.69.

Photographs
Chris Ridgers: p.8, p.10, p.15 (top left), p.16 (bottom left), p.34, p.49 (middle left), p.58, p.69, p.95

All other photographs: David Simson

Illustrations
Susannah English: pp.12, 20, 43, 60, 61, 64, 65, 67, 71, 85, 86, 87, 91, 92, 100, 102, 103, 106, 110, 114, 119, 120, 121, 124, 125
Maureen Flaherty: pp.24, 26, 27, 30, 33, 36, 41, 48, 49, 56, 62, 68, 69, 70, 77, 99, 100, 103, 104, 107, 108, 109, 115, 117, 118, 126
Gabrielle Morton: chapter heads
Caroline Smith: pp.17, 26, 59, 70, 81, 108
Lyn O'Neill: pp.17, 18, 19, 28, 35, 39, 50, 58, 67, 71, 78, 85, 88, 91, 104, 105, 115, 116, 122

The authors and publishers would like to thank Signor Donati of the Azienda di Promozione Turistica, Anna di Blasio and Fiorella Gaggi-Garonetti for all they did to facilitate the taking of photographs in Rimini, and Sol Garson, Chris Lacki and the pupils of North Westminster Community School, London for their help with the photographs taken in their school.

Thanks are also due to Dr Silvana Quadri and Angela Vegliante of the Italian Institute, London, Lella Seccatore, Donatella Pescatori and Lorella Martini for all their help in checking the manuscript.

Every effort has been made to trace all copyright holders, but the publishers will be pleased to make the necessary arrangements if there have been any omissions.

INDICE

		Pagina
1ª Unità	Un corrispondente in Italia	2
2ª Unità	Al telefono	14
3ª Unità	Hai fame?	22
4ª Unità	Mangiamo qualcosa!	38
5ª Unità	Case ed appartamenti	47
6ª Unità	Regali e souvenir	55
7ª Unità	Come stai?	64
8ª Unità	La scuola	73
9ª Unità	Una giornata tipica	84
10ª Unità	Un po' di tempo libero	90
Scoprite qualcosa di più		98

1ª Unità
UN CORRISPONDENTE IN ITALIA

One of the best ways to find out about Italian life is by writing to a penfriend in Italy. As well as finding out about your Italian friend's family, interests and life-style, you can exchange magazines, posters, stamps, postcards, etc. If you don't feel like writing a letter you can always send a cassette.

In this unit, you will find out how to get a penfriend, how to understand a letter or cassette sent by an Italian friend and how to write a letter or make a cassette introducing yourself.

Vuoi un(a) corrispondente in Italia?

Se vuoi scrivere ad un amico o un'amica in Italia, questi indirizzi ti saranno utili:

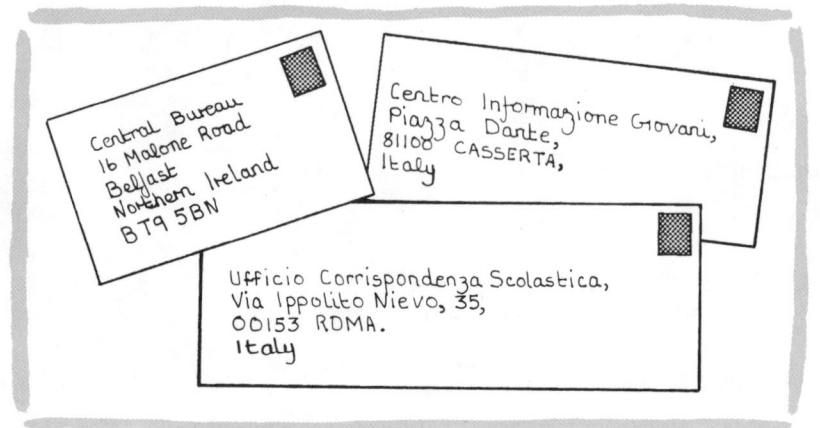

Central Bureau
16 Malone Road
Belfast
Northern Ireland
BT9 5BN

Centro Informazione Giovani,
Piazza Dante,
81100 CASSERTA,
Italy

Ufficio Corrispondenza Scolastica,
Via Ippolito Nievo, 35,
00153 ROMA.
Italy

Ci sono circa venti Centri Informa Giovani in Italia.

Nella rivista pubblicata dal Centro Informa Giovani trovi inserzioni come queste:

O potresti mettere o rispondere ad un annuncio in una rivista come 'Hallò!', 'Cioè', o 'Dolly', per esempio.

Sono una ragazza di 12 anni, vorrei corrispondere con ragazze di ogni età. Scrivetemi e io vi risponderò!

Serena Pacetti, Via Marconi, 14, 00012 Collefiorito di Guidonia (Roma).

Giovane di 19 anni vuole corrispondere con giovani italiani in inglese, francese o spagnolo. I suoi hobby sono la musica, i francobolli e le cartoline.

JESUS AYUSO TORAL, Plaza de Chamberi 109, 28100 Madrid, Spagna.

Ragazza sedicenne corrisponderebbe con ragazzi italiani e vorrebbe da chi le scrive una foto e qualche notizia sull'Italia.

Paula Thomas,
20 Colinton Close,
Halewood,
Liverpool L26 9X9
Inghilterra

Help! Sono una 14enne sola, che vuole corrispondere con ragazzi e ragazze dai 14 anni in su. Che aspettate? Scrivete a:

Francesca Marmai, Via delle Primule, 30 - 51100 Pistoia.

FERMI TUTTI! Ho 16 anni, mi piacciono la musica, lo sport e ... i motori. Cerco ragazzi/e per un'amicizia vera. Scrivetemi e risponderò!

Katiuscia Mariottini, via Castello 7, 57019 Vicarello (Livorno).

I mesi

Riconosci i nomi di tutti i mesi in italiano?
Can you recognise the names of all the months in Italian?

ARIETE Dal 21 marzo al 20 aprile	**TORO** Dal 21 aprile al 21 maggio	**GEMELLI** Dal 22 maggio al 21 giugno	**CANCRO** Dal 22 giugno al 22 luglio	
LEONE Dal 23 luglio al 23 agosto	**VERGINE** Dal 24 agosto al 23 settembre	**BILANCIA** Dal 24 settembre al 23 ottobre	**SCORPIONE** Dal 24 ottobre al 2 novembre	
SAGITTARIO Dal 23 novembre al 21 dicembre	**CAPRICORNO** Dal 22 dicembre al 20 gennaio	**ACQUARIO** Dal 21 gennaio al 20 febbraio	**PESCI** Dal 21 febbraio al 20 marzo	

Fate un'inchiesta nella vostra classe.
- Quando è il tuo compleanno?
- Qual è il mese in cui più persone sono nate?
- Qual è il mese in cui meno persone sono nate?

Esempio:

Tu : Quando è il tuo compleanno?
Amico/Amica : Il mio compleanno è il 3 novembre.

gennaio _____	luglio _____
febbraio _____	agosto _____
marzo _____	settembre _____
aprile _____	ottobre _____
maggio _____	novembre ✓ _____
giugno _____	dicembre _____

1ª Unità

La prima lettera

Ecco il modulo che una ragazza italiana, Anna Maria, ha compilato a scuola.

Lingua richiesta: inglese
Cognome: Sanna
Nome: Anna Maria
Sesso: femminile
Età: 14
Scuola o Istituto: G. Cesare
Classe: I A
Indirizzo: Via Crispi 101
CAP: 47 037 Rimini
Firma: Anna Maria Sanna
Data: 20/10/90

Ed ecco la prima lettera che ha scritto alla sua corrispondente.
Quali dettagli si trovano sul modulo ed anche nella lettera?
Quali sono i dettagli nuovi?

Rimini, 3 gennaio

Cara Debbie,

ho ricevuto il tuo indirizzo stamattina e ho deciso di scriverti subito. Mi chiamo Anna Maria Sanna e sono di Rimini. Ho quattordici anni - il mio compleanno è il 12 febbraio. Quando è il tuo compleanno?

Siamo sei in famiglia. Mio padre si chiama Bruno e mia madre si chiama Angela. Ho una sorella, Valentina, che ha diciassette anni e un fratello, Federico. Lui è più piccolo di me ed ha dodici anni. Poi c'è mia nonna che vive con noi. E voi, quanti siete in famiglia? Hai fratelli? Come si chiamano e quanti anni hanno?

Ho dimenticato di dirti, abbiamo anche un gatto. È molto carino. Si chiama Mozart. Ti piacciono gli animali? A me piacciono tanto. Mi piacciono anche la musica e lo sport, soprattutto il windsurf.

Spero di aver presto tue notizie.
Ciao e a presto
Anna Maria

P.S. Troverai una foto di tutti noi. Potresti mandarmi una foto della tua famiglia?

1ª Unità

Un tuo amico/una tua amica vede questa foto. Che cosa sapresti dire sulle persone nella foto?

Hai trovato il significato di queste parole?

> padre
> madre
> fratello
> sorella
> nonna
> gatto

Secondo te, cosa vuol dire 'nonno', allora?

Ora, capisci il senso di queste frasi?

1. Ho due fratelli.
2. Non ho sorelle.
3. Mio fratello, Matteo, è più piccolo di me.
4. I miei nonni hanno due gatti.
5. Non mi piacciono gli animali.
6. Una sorella è più grande di me, l'altra è più piccola.

Quali sono le domande alle cui Debbie deve rispondere nella sua prossima lettera?

1ª Unità

Io ho quindici anni. E tu?

Ciao! Mi chiamo Alessio e ho quindici anni.

Secondo te, quanti anni hanno queste persone?
Sei d'accordo con il tuo/la tua partner?

Esempio:

Tu : Secondo me questa ragazza ha quindici anni.
Partner : No, secondo me ne ha sedici.

A   D
B   E
C   F

Ora, ascolta queste conversazioni.
Chi aveva ragione? Tu o il tuo/la tua partner?
Per ogni conversazione, trova la foto giusta.
Per ogni conversazione, trova l'annuncio giusto.

Tessera Inter Rail.

Consente ai giovani fino ai 26 anni di viaggiare liberamente per un mese intero in 22 Paesi d'Europa. Con la riduzione del 50% in Italia.

CERCASI Baby-sitter per qualche ora serale, residente in S.Arcangelo e dintorni. Tel. 0541-621463.

Garden Sporting Center

Via Euterpe 7, bus ATAM n.18/19 ☎ 774230 ○ 8,30 △ 22,00

★ Centro Sportivo Polivalente - Piscina, 4 campi da tennis (2 coperti), palestre, pesistica, tiro con l'arco, pattinaggio, calcetto. Dal 30 giugno al 30 agosto "Junior Club": corsi per ragazzi dagli 8 ai 15 anni di nuoto, tennis, canoa, arti marziali, atletica, tiro con l'arco, calcetto, ginnastica ritmica, cross BMX, pattinaggio, ping-pong, pallavolo, basket, equitazione. Novità '88: Campeggio alpino il "Giocone", il "Quartiere Generale".

Fiabilandia

Via Cardano, Rivazzurra Bus ATAM n. 8/10/11 stop 27. ☎ 372064 ○ 9,30 △ 24,00 £ 6.000; £c 4.000 20 persone; £ -- bambini sotto i 3 anni. Coupons "Trittico del Divertimento"

★ Il Lago dei Sogni, il Castello di Mago Merlino, il Brucamela, il Trenino, il Battello, la visita a King Kong. Concerto delle fontane danzanti. Circo. Ruota Panoramica, visita al Grand Canyon.

30%-50%. Carta Rail Europ S (RES).

Consente alle persone di oltre 60 anni di viaggiare a prezzo ridotto in 20 Paesi europei.

PRESIDENT
Largo Augusto, 1
tel. 792190 - MM1 San Babila - Tram: 12 - Bus: 37-50-54-60-62-65 -84- 96-97 **Lire 8000**
Ore 15-17.30-20-22.30

Il colonnello Redl
★★★ ●●●
drammatico
Klaus Maria Brandauer, Armin M. Stahl
Regia Istvan Szabo (1985)

Mentre impero austro-ungarico volge al tramonto, ufficiale fa spettacolosa carriera. Coinvolto in caso di spionaggio, verrà «suicidato». v.m.18

1ª Unità

La famiglia di Fabrizio

Fabrizio mostra il suo album di fotografie ad un amico. Guarda bene le foto qui sotto e ascolta quello che dice. Chi sono le persone nelle foto?

Queste parole ti saranno utili:

il padre	father	il nonno	grandfather
la madre	mother	la nonna	grandmother
i genitori	parents	il marito	husband
il fratello	brother	la moglie	wife
la sorella	sister		
il figlio	son	divorziato/a	divorced
la figlia	daughter	morto/a	dead
i/le gemelli/e	twins	unico/a	(the) only
lo zio	uncle	minore	younger
la zia	aunt	maggiore	elder/older

A.

B.

C.

D.

E.

7

1ª Unità

Marco: Io ho **un cane**.

Anna-Lisa: Noi abbiamo **un gatto**.

Stefano: Mio fratello ha **un canarino**.

Monica: Io ho **un coniglio**.

Flavio: Mia sorella ha **una tartaruga**.

Elisa: Noi abbiamo **un pesce rosso**.

Ti piacciono gli animali?

Se vuoi sapere il nome di altri animali, chiedilo al tuo professore/alla tua professoressa. Per esempio:

"Professore, come si dice 'hamster' in italiano?"

Quali sono gli animali domestici più comuni?

Fa' un'inchiesta come questa tra i tuoi amici:

Tu : Monica, avete degli animali a casa?

Monica : Sì. Ho un coniglio.

Tu : Grazie.
Stefano, avete degli animali a casa?

Stefano : Sì. Mio fratello ha un canarino.

Tu : Un canarino? Grazie.
Lucio, avete degli animali a casa?

Lucio : No, non abbiamo animali.

Animali Domestici
cane
gatto
canarino ✓
coniglio ✓
tartaruga
pesce rossa

Animali domestici

Ascolta questi italiani che parlano dei loro animali.
Gli animali preferiti dagli italiani, sono anche comuni nel tuo paese?
C'è qualche differenza?
Perché?

Fa' una lista, in ordine di preferenza, degli animali tenuti dalle famiglie italiane e un'altra lista per gli animali tenuti nel tuo paese.

1ª Unità

A chi scriveresti?

Leggi bene queste inserzioni. Chi ti sarebbe il/la corrispondente più adatto(a)? Perché?

Help! Ho 14 anni e cerco corrispondenti in tutto il mondo. Se amate la musica, i bei film e gli animali, scrivetemi! Liliana Petralia, via Aiale, 1, 56100 PISA.

S.O.S. Sono un ragazzo di 16 anni e vorrei corrispondere in inglese o francese con giovani di tutte le età. Sono un appassionato di calcio e amo la musica rock. Flavio Cenname, via Savignano 8, 81083 Aversa.

Ciao! Sono una ragazza di 13 anni e vorrei corrispondere in inglese e italiano con ragazzi dai 13 anni in su. Sono un'appassionata di equitazione e ho il mio cavallo. Scambio poster, francobolli e cartoline. Scrivete a: Silvia Bisetto, via Nicolai 33, 35030 Tencarda.

Attenzione! Cerco corrispondenti francesi e inglesi. Ho 15 anni e i miei hobby sono la musica, il computer e lo sport – il nuoto e lo sci. Faccio collezione di cartoline e di monete estere. Allora scrivi a Guido Bordoni, via Plinio 291, 90142 PALERMO.

Stop! Ho 14 anni e mi piacciono la musica, lo sport e ... gli animali. Vorrei corrispondere con ragazzi/e dai 14 anni in su. Scrivetemi allora! Katia Borella, via Castello 192, 11020 St. Christophe (AOSTA).

Adesso scrivi tu un'inserzione!

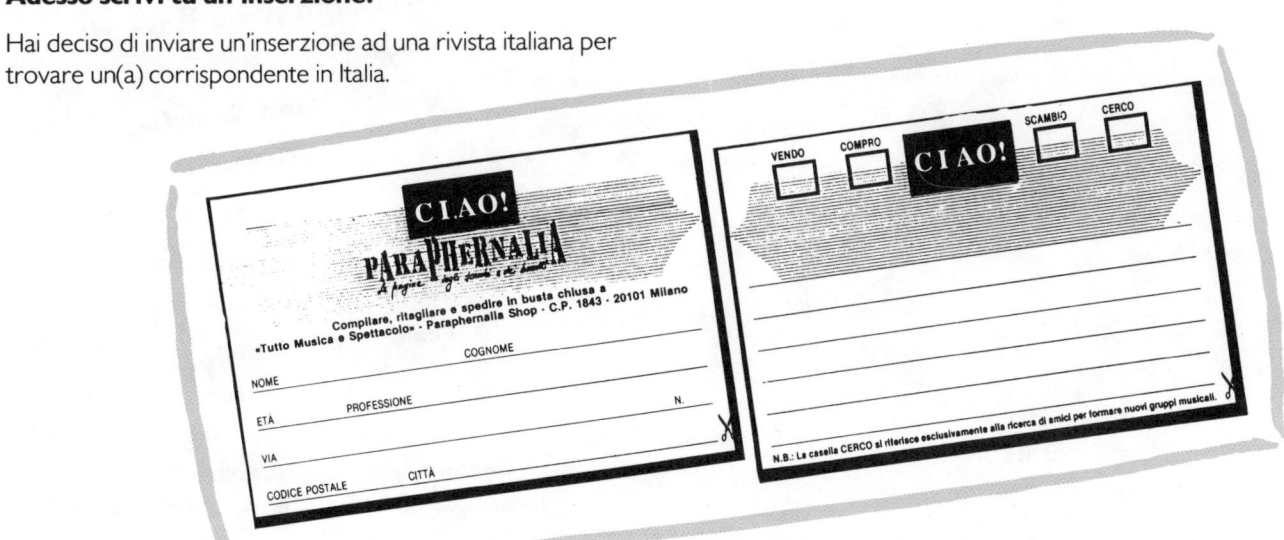

Hai deciso di inviare un'inserzione ad una rivista italiana per trovare un(a) corrispondente in Italia.

1ª Unità

Aiuta gli amici!

Questi ragazzi italiani cercano corrispondenti. Invece di scrivere delle lettere, hanno mandato una cassetta e ciascuno parla di se e della sua famiglia.

Ascolta quello che dicono e trova un(a) corrispondente adatto(a) per ciascuno dei ragazzi qui.

Cognome Abdul
Nome Ahmed
Età 14 anni
Famiglia/fratelli un fratello 11 anni
Animali un gatto, un cane
Hobby La musica, il calcio
Ma non mi piace la scuola

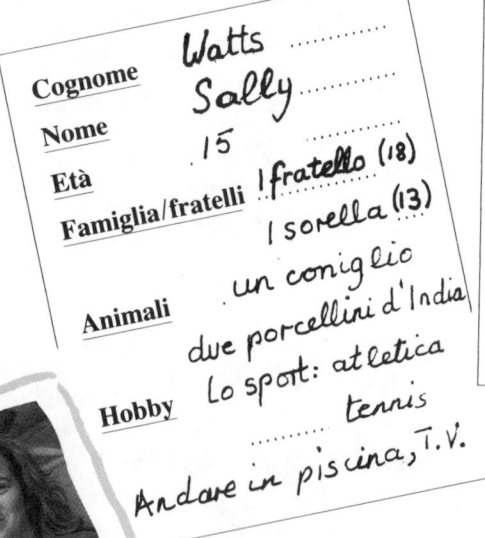

Cognome Watts
Nome Sally
Età 15
Famiglia/fratelli 1 fratello (18), 1 sorella (13)
Animali un coniglio, due porcellini d'India
Hobby Lo sport: atletica, tennis, Andare in piscina, T.V.

Cognome Abraham
Nome Leila
Età 14 anni
Famiglia/fratelli Figlia unica
Animali un gatto
Hobby Musica, Televisione, Mi piacciono molto gli animali

Cognome Siddiqui
Nome Jawad
Età 15
Famiglia/fratelli due sorelle
Animali —
Hobby Televisione, i video, La musica

Conosci bene tutte le persone nella tua classe?

Fa' un'intervista come questa con qualcuno che non conosci molto bene.

Tu : Come ti chiami?
Amico : Mi chiamo Massimo Barozzi.
Tu : Quanti siete in famiglia?
Amico : Quattro.
Tu : Hai fratelli?
Amico : Sì. Ho una sorella. Si chiama Rosa. Ha dodici anni.
Tu : E tu, quanti anni hai?
Amico : Ho quattordici anni.
Tu : Quando è il tuo compleanno?
Amico : Il mio compleanno è il primo maggio.
Tu : E avete degli animali a casa?
Amico : Sì. Abbiamo un cane. Si chiama Pippo.

Ora fa' un biglietto come questo:

Nome: Massimo Barozzi
Famiglia: 4
Fratelli: una sorella Rosa 12 anni
Età: 14 anni
Compleanno: 1° maggio
Animali: cane: Pippo

Il tuo professore/la tua professoressa leggerà alcuni biglietti alla classe senza dire il nome della persona. Quante persone riconosci?

1ª Unità

Ora scrivo una lettera

A scuola, un ragazzo italiano ha compilato il modulo qui per ottenere un corrispondente all'estero.

COGNOME Orete	FRATELLI:	SORELLE
NOME Lucio	1° Pino 13 anni	1ª Carla 17 anni
ETÀ 14 anni	2°	2ª
INDIRIZZO via Appia 4/A	3°	3ª
47037 RIMINI	4°	4ª
LINGUA RICHIESTA		ANIMALI un cane
inglese		HOBBY/TEMPO LIBERO
FAMIGLIA 5 persone		musica rock, televisione, sport: sci e tennis

Ecco la lettera che ha scritto quando ha ricevuto l'indirizzo del suo corrispondente, Alan.

Rimini, 19 novembre

Caro Alan,

Mi presento, sono il tuo corrispondente italiano. Mi chiamo Lucio Orete, ho quattordici anni e abito a Rimini. Il mio compleanno è il 7 ottobre. E tu, quanti anni hai e quando è il tuo compleanno?

Siamo cinque in famiglia. Mio padre si chiama Giorgio e lavora in un ufficio, mia madre si chiama Liliana e lavora in un albergo qui a Rimini. Ho una sorella e un fratello. Mia sorella è più grande di me e mio fratello è più piccolo. Mia sorella ha diciassette anni e si chiama Carla, mio fratello si chiama Pino e ha tredici anni. Abbiamo un cane – è un cocker e si chiama Fischio. Quanti siete in famiglia? Hai fratelli? Come si chiamano e quanti anni hanno?

Mi piace molto la musica, musica rock specialmente, poi mi piace guardare la televisione. Amo molto gli sport, soprattutto lo sci e il tennis. E tu, quali sono i tuoi hobby?

Adesso ti saluto. Scrivimi presto!

Lucio

Adesso compila un modulo come quello di Lucio. Hai ricevuto il nome e l'indirizzo di questo ragazzo italiano.

Scrivi la prima lettera.

LUCCHI, Marco
Via Platano, 15,
47031 SAN MARINO.

1ª Unità

Adesso, tocca a te!

1.
Cerchi un(a) corrispondente in Italia e hai ricevuto questo modulo. Compilalo in italiano.

CORRISPONDENTI, AMICI DI PENNA, SCAMBI, VENDO, COMPRO, CERCO ...

Cognome: ....

Nome: ....

Indirizzo: ....

Età: ....

Data di nascita: ....

Lingua richiesta: ....

Famiglia: ....
....
....

Animali: ....
....

Hobby: ....
....
....
....

2.
Un amico sa che stai cercando corrispondenti in Italia e ha dato il tuo nome ed indirizzo ad un ragazzo italiano. Ricevi una lettera che finisce con queste domande.

> Quando mi scrivi, parlami della tua famiglia. Hai fratelli? Quanti anni hanno? Come si chiamano? Avete animali?
>
> Ciao e a presto
> Massimo

Invece di rispondere per lettera scritta, gli mandi una cassetta. Registra sulla cassetta le tue risposte alle domande qui sopra.

3.
Adesso scambia cassette con un(a) partner. Ascolta bene quello che ha registrato.
Fa' una lista di tutte le cose che hai capito nella sua registrazione.

4.
Some friends of your parents have got an Italian student staying with them but she does not speak very much English. They ask you round so that you can make her feel at home by speaking to her in Italian.

You want to find out:

- her name
- about her family
- about her brothers, sisters and their names and ages
- whether they have any animals
- when her birthday is (in case it's during her stay).

Your partner will play the part of the Italian visitor and will answer your questions. Then change roles.

Start like this:
"Ciao. Mi presento. Sono (Damian). E tu, come ti chiami?"

1ª Unità

Ora sai

Now you know

the names of the months	gennaio luglio febbraio agosto marzo settembre aprile ottobre maggio novembre giugno dicembre
how to introduce yourself to say your age to say when your birthday is	Mi chiamo Roberta Pavei. Ho tredici anni. Il mio compleanno è il 6 maggio.
how to talk about members of your family	Mio padre si chiama Gianni. Mia madre lavora in una banca. Ho tre fratelli. Mia sorella ha nove anni. Mio fratello si chiama Alessio.
how to say that you are an only child	Non ho fratelli. Sono figlio unico. Sono figlia unica.
the names of some animals	un cane un canarino un gatto una tartaruga un pesce rosso un coniglio
how to understand some questions	Quanti anni hai? Quando è il tuo compleanno? Quanti siete in famiglia? Hai fratelli? Avete degli animali a casa?
how to start a letter to a penfriend	Manchester, 3 luglio Caro Pietro Bath, 28 febbraio Cara Katia
how to end a letter to a penfriend	Scrivimi presto! Ciao, e a presto!

2ª Unità
AL TELEFONO

When you visit Italy, you will probably want to phone your family or friends to let them know that you are all right, or to tell them any important news. You may even need to phone the hotel where you are staying in order to leave a message for the rest of the party. If anything goes wrong or if you get lost, don't panic! If you can use the telephone, you will soon be able to get help.

In this unit, you will learn how to contact people by telephone.

In Italia si può telefonare da una cabina

dall'ufficio SIP

o da dove vedi quest'insegna: da un bar, per esempio.

2ª Unità

Chiamate urbane ed interurbane

In certi telefoni pubblici si può telefonare con monete da cento e duecento lire ed anche con gettoni. Un gettone è un pezzo di metallo che ha la forma di una moneta. Un gettone vale duecento lire.

Per saper fare una telefonata, bisogna capire le istruzioni. Metti ciascuna delle istruzioni italiane insieme all'istruzione inglese giusta.

	Inglese		Italiano
A	Put in enough coins and/or telephone tokens.	1	All'apposito segnale sonoro, introdurre altri gettoni e/o monete.
B	Lift the receiver. Check the amount of money shown. Dial the number.	2	Attendere qualche secondo e premere il tasto giallo.
C	When you hear the tone, put in more coins and/or telephone tokens.	3	Comporre il nuovo numero.
D	If you want to make another call and there is still money in the machine, press the red button. There is no need to hang up.	4	Introdurre gettoni e/o monete in quantità sufficiente.
E	Dial the new number.	5	Oppure per ritirare gettoni e/o monete, riagganciare il microtelefono.
F	Or, if you want to retrieve any remaining coins and/or telephone tokens, replace the receiver.	6	Per effettuare una nuova comunicazione se è visualizzato un valore residuo, premere il tasto rosso senza riagganciare.
G	Wait for a few seconds and press the yellow button.	7	Sganciare il microtelefono, verificare il valore visualizzato e comporre il numero desiderato.

2ª Unità

La carta telefonica

Puoi anche telefonare con la carta telefonica. Ci sono due valori: L.5.000 e L.10.000.

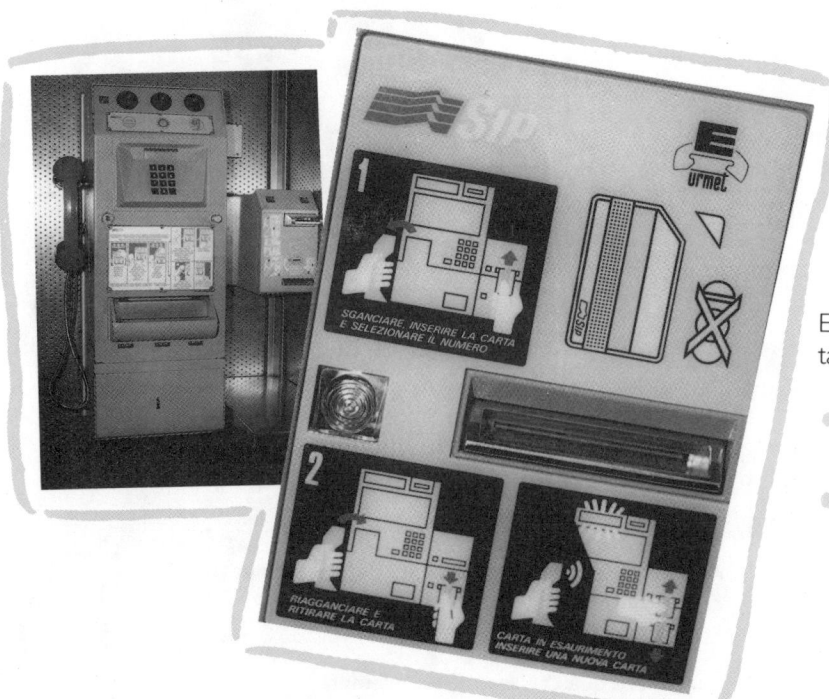

Ecco una carta telefonica... in vendita presso edicole, tabaccai, ecc.

- Puoi spiegare a qualcuno che non parla inglese come si fa una telefonata con la carta telefonica?
- C'è qualche differenza tra il telefono italiano che funziona con la carta telefonica e quello nel tuo paese?

Per telefonare all'estero

Chiamate dall'Italia verso l'estero: Per chiamare un abbonato degli Stati sopra indicati è necessario formare di seguito:
1° Prefisso internazionale dell'Italia: 00
2° Indicativo dello Stato dove si trova l'abbonato chiamato, cioè:

ALGERIA	213	FINLANDIA	358	JUGOSLAVIA	38	PRINCIPATO DI MONACO	3393
AUSTRIA	43	FRANCIA	33	LIBIA	218	SPAGNA	34
BELGIO	32	GERMANIA R.D.	37	LUSSEMBURGO	352	SVEZIA	46
CIPRO	357	GERMANIA R.F.	49	MALTA	356	SVIZZERA	41
DANIMARCA	45	GRAN BRETAGNA	44	MAROCCO	212	TUNISIA	216
EGITTO	20	GRECIA	30	NORVEGIA	47	UNGHERIA	36
FAERØER	4542	IRLANDA	353	PAESI BASSI	31		

3° Indicativo interurbano della località dell'abbonato   **4° Numero dell'abbonato**
Ad esempio, per chiamare l'abbonato 248456 di Berna occorre formare:

1° PREFISSO INTERNAZIONALE	2° INDICATIVO DELLO STATO	3° INDICATIVO INTERURBANO (*)	4° NUMERO DELL'ABBONATO
00	41 (Svizzera)	31 (Berna)	248456

Karen Webber abita a Sheffield in Gran Bretagna. Per telefonare a casa da Foppolo deve fare:

00 44 0742 379436

Che numero devi fare per chiamare questi amici dall'Italia?

ADDRESSES   NOTES
Home   0525 387951
Grandma   0223 552503
Helen   0908 626319
Martin   0952 75321

16

Ci vogliono spiccioli, gettoni o la carta telefonica

— Buongiorno.
— Buongiorno. Mi può cambiare questo biglietto da mille lire, per favore?
— Sì.
— Mi può dare due monete da duecento e sei da cento lire, per favore?
— Sì. Tenga.
— Grazie.

— Buonasera.
— Buonasera. Senta, devo telefonare in Inghilterra. Mi può cambiare cinquemila lire, per favore?
— Mi dispiace, è un po' difficile. Le posso dare quattro biglietti da mille lire e poi tre gettoni, due monete da cento e una da duecento lire. Va bene così?
— Benissimo. Grazie.
— Prego.

— Buongiorno. Mi dica...
— Vorrei una carta telefonica, per favore.
— Sì. Da cinquemila o da diecimila lire?
— Da cinquemila. Tenga.
— Grazie. Ecco a Lei.

Capisci bene le istruzioni?

Matilde è tutta confusa. Tutte le istruzioni sono state mescolate. Puoi aiutarla a mettere ciascuna delle istruzioni insieme al disegno giusto qui sopra?

A. Comporre il numero desiderato preceduto da eventuale prefisso.
B. Per ritirare gettoni e/o monete residui, premere più volte il tasto.
C. Sollevare il microtelefono ed attendere il segnale di centrale.
D. Riagganciare il microtelefono al termine della conversazione.
E. Introdurre gettoni e/o monete in quantità sufficiente.
F. All'apposito segnale sonoro, introdurre altri gettoni e/o monete.

• Quali sono le parole che rassomigliano a parole inglesi?
• Una tua amica vorrebbe fare una telefonata nel suo paese ma non capisce l'italiano. Spiegale in inglese come si fa a telefonare da questa cabina.

Simpatico, antipatico

Vuoi cambiare un biglietto da 5.000 lire.
Lavora con un(a) partner e inventate due dialoghi.
Nel primo dialogo, il tabaccaio è molto simpatico e gentile.
Nel secondo dialogo, il tabaccaio è un po' antipatico.

2ª Unità

Per telefonare ad un amico

🎧 Se hai problemi o difficoltà, puoi sempre telefonare ad un amico o al tuo professore/alla tua professoressa.
Queste frasi ti aiuteranno a capire le seguenti conversazioni:

Pronto!	Hello! (*when you answer the phone and when you are making the call*)
Vorrei parlare con il signor Carter, per favore.	I'd like to speak to Mr Carter, please.
Non si sente.	I can't hear you very well.
Un momento.	Just a minute.
Mi dispiace, in questo momento non c'è.	I'm sorry, he/she's not here at the moment.
C'è qualcuno che parla inglese?	Is there anyone there who speaks English?
Vediamo ... sì, Le passo Carlo.	Let's see ... yes, here's Carlo.

Dialogo 1

— Pronto, Hotel Cristallo.
— Pronto. Buonasera. Vorrei parlare con il signor Calvert, per favore.
— Come? Non si sente. Può ripetere, per favore?
— Vorrei parlare con il signor Calvert, per favore.
— Il signore Calvert?
— Sì. Il professore inglese.
— Ah, sì. Ho capito. Un momento allora ...
— Grazie.

Dialogo 2

— Pronto. Villa Merope.
— Pronto. Buonasera. Vorrei parlare con Anne Barker, per favore.
— Anne Barker?
— Sì.
— Un momento ... no, mi dispiace, in questo momento non c'è.
— Ho capito. C'è qualcuno che parla inglese?
— Vediamo. Sì. Le passo la signorina.
— Grazie.
— Prego.

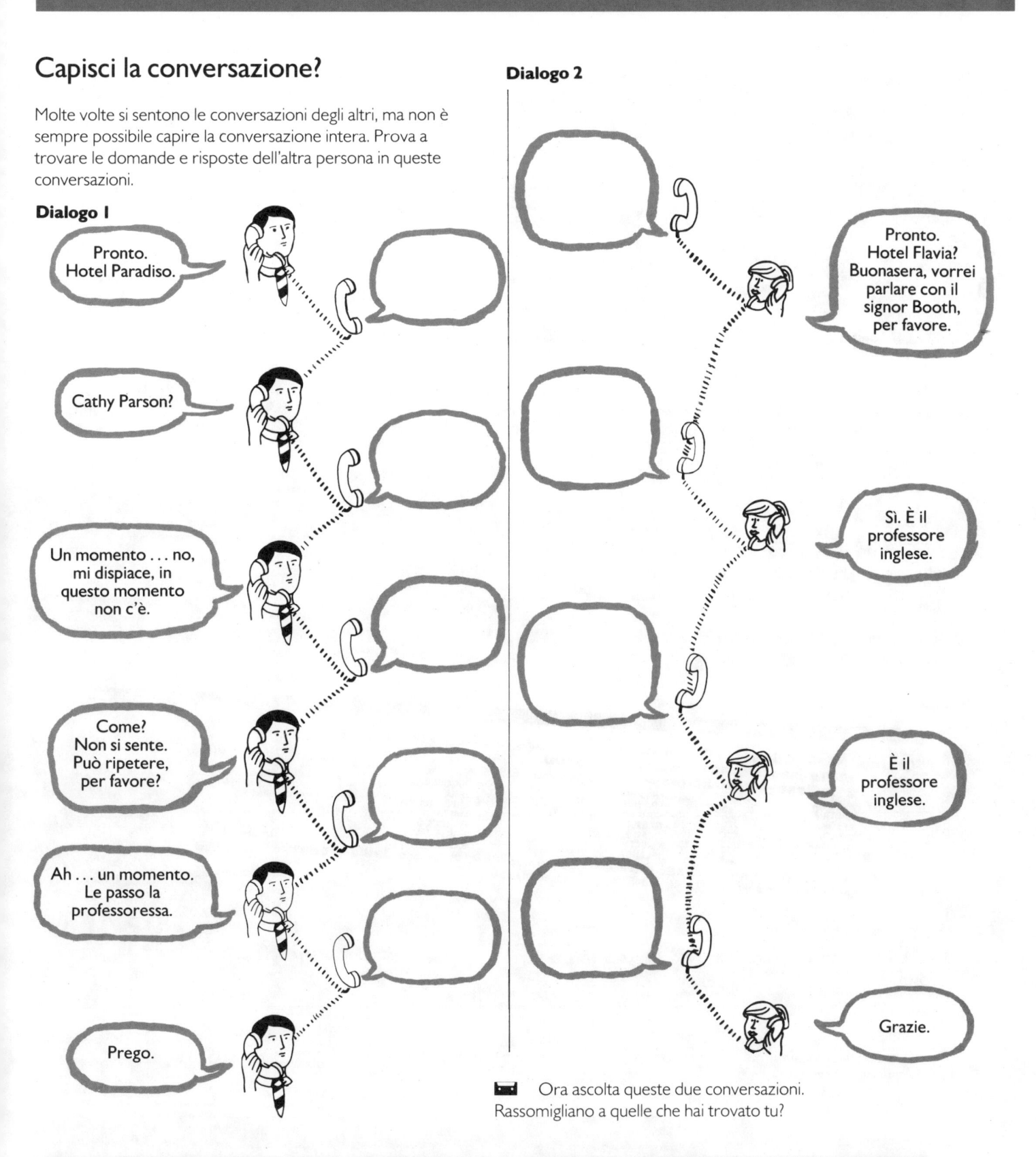

2ª Unità

Capisci la conversazione?

Molte volte si sentono le conversazioni degli altri, ma non è sempre possibile capire la conversazione intera. Prova a trovare le domande e risposte dell'altra persona in queste conversazioni.

Dialogo 1

- Pronto. Hotel Paradiso.
- Cathy Parson?
- Un momento... no, mi dispiace, in questo momento non c'è.
- Come? Non si sente. Può ripetere, per favore?
- Ah... un momento. Le passo la professoressa.
- Prego.

Dialogo 2

- Pronto. Hotel Flavia? Buonasera, vorrei parlare con il signor Booth, per favore.
- Sì. È il professore inglese.
- È il professore inglese.
- Grazie.

Ora ascolta queste due conversazioni. Rassomigliano a quelle che hai trovato tu?

2ª Unità

Adesso, tocca a te!

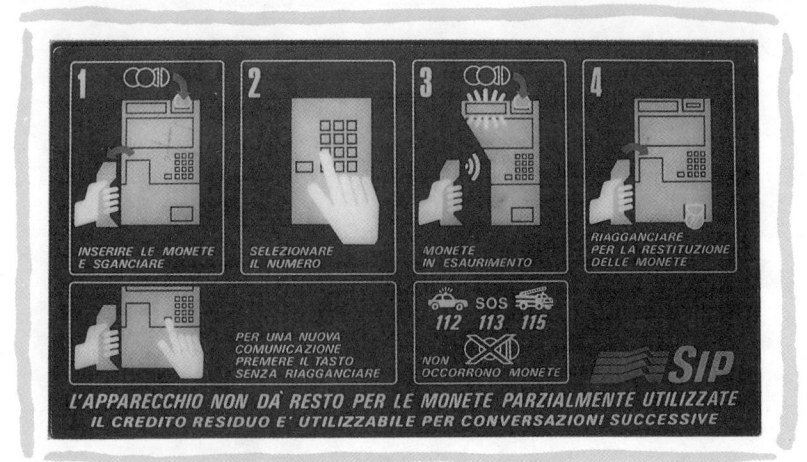

1.
While on holiday in Italy, your friend wants to phone home in order to find out if her Mum is better.

Explain what she needs to do to make a call from this phone box.

2.
A German guest in your hotel is trying to contact someone in Munich, but he doesn't know what number to dial from Italy. He speaks some English but no Italian and so you offer to help.
The number in Munich is 089-332964.
What number should he dial from Italy?

3.
You have forgotten how to get to the house where your friend is staying with an Italian family. Imagine that you dial the number and ask to speak to your friend, Chris. Your partner will play the part of the Italian who answers the phone.

The person playing the part of the Italian will need to use all or some of these phrases:

> Pronto?
>
> Un momento...
>
> Non si sente. Può ripetere, per favore?
>
> No, mi dispiace, in questo momento non c'è.

Chiamate dall'Italia verso l'estero: Per chiamare un abbonato degli Stati sopra indicati è necessario formare di seguito:
1° Prefisso internazionale dell'Italia: 00
2° Indicativo dello Stato dove si trova l'abbonato chiamato, cioè:

ALGERIA	213	FINLANDIA	358	JUGOSLAVIA	38	PRINCIPATO DI MONACO	3393
AUSTRIA	43	FRANCIA	33	LIBIA	218	SPAGNA	34
BELGIO	32	GERMANIA R.D.	37	LUSSEMBURGO	352	SVEZIA	46
CIPRO	357	GERMANIA R.F.	49	MALTA	356	SVIZZERA	41
DANIMARCA	45	GRAN BRETAGNA	44	MAROCCO	212	TUNISIA	216
EGITTO	20	GRECIA	30	NORVEGIA	47	UNGHERIA	36
FAERØER	4542	IRLANDA	353	PAESI BASSI	31		

3° Indicativo interurbano della località dell'abbonato
Ad esempio, per chiamare l'abbonato 248456 di Berna occorre formare:
4° Numero dell'abbonato

Ad esempio, per chiamare l'abbonato 38597 di York occorre formare:

1° PREFISSO INTERNAZIONALE	2° INDICATIVO DELLO STATO	3° INDICATIVO INTERURBANO	4° NUMERO DELL'ABBONATO
00	44	0904	38597

2ª Unità

Ora sai
Now you know

- how to use a public call box

  - Introdurre gettoni e/o monete...
  - Sollevare il microtelefono...
  - Comporre il numero...
  - Introdurre altri gettoni e/o monete...
  - Riagganciare il microtelefono...
  - Premere il tasto...

- how to phone people living outside Italy

  - 00 44 ~~0~~525 382723

- how to ask to speak to someone

  - Pronto? Buonasera.
  - Vorrei parlare con la signora Davies, per favore.
  - C'è qualcuno che parla inglese, per favore?

- how to understand the person who answers the phone

  - Pronto.
  - Non si sente.
  - Un momento...
  - Mi dispiace, in questo momento non c'è.
  - Le passo il signor Rossi.

- how to ask for change, **gettoni** and telephone cards

  - Mi può cambiare mille lire, per favore?
  - Vorrei una carta telefonica, per favore.
  - Avete dei gettoni?

3ª Unità
Hai fame?

When you visit Italy, you'll find the food different in lots of ways from ours, though nearly everyone has heard of some famous Italian dishes, like minestrone, ravioli and spaghetti. Italians take pride in eating well. They like sitting down to a meal together, and tend to eat more fresh and home-made food than we do.

In this unit, you will learn the names of meals and of some of the food you are likely to eat when you go to Italy. You'll also learn how to say which foods you like and dislike, and how to buy food for a picnic.

Of course, you can get hamburgers and chips in Italy which are the same as those all over the world ...

Hai fame?

Il nostro reporter ha intervistato Leo, un ragazzo italiano, sugli orari dei pasti. Ha risposto così:

Faccio colazione verso le sette e mezza.

Pranzo verso l'una e mezza.

Faccio merenda verso le cinque.

Ceno verso le otto.

A che ora fai colazione?

Dopo, il nostro reporter ha intervistato tre ragazze italiane.

Noemi è studentessa all'università di Bologna.

Ivana ha otto anni.

Ascolta le interviste e scrivi gli orari dei pasti.

Esempio:

La colazione　　10.00
il pranzo　　　　2.00
la merenda　　　——
La cena　　　　　9.00

Chi è che parla in ciascuno dei dialoghi?
Quali conclusioni puoi ricavare da queste interviste?
Ci sono delle differenze tra gli orari dei pasti in Italia e quelli nel tuo paese?

Donatella è farmacista.

3ª Unità

3ª Unità

I pasti in Italia
La colazione

Il primo pasto del giorno si chiama **la colazione** o **la prima colazione**.

Molti italiani fanno colazione a casa.

Molti italiani fanno colazione al bar.

E molti italiani non fanno colazione.

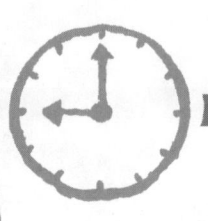

Generalmente bevono...

un espresso   un cappuccino   un caffelatte

una cioccolata calda   o niente,

e mangiano...

del pane   del burro   della marmellata

o dei biscotti   o dei cornetti   o niente.

Non molti mangiano...

dei cereali   delle uova

del pane tostato.

3ª Unità

Inchiesta sulla colazione

🔊 Ascolta il nostro reporter che fa un'inchiesta sulla colazione in Italia. Cinque ragazzi rispondono alle domande. Chi non dice la verità?

1. Rossella  
2. Giorgio  
3. Giovanna  
4. Franca  
5. Ezio

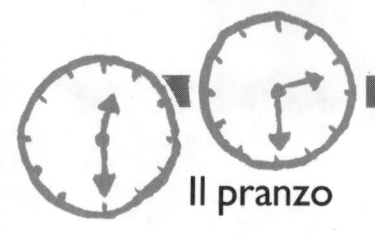

3ª Unità

Il pranzo

Fra le dodici e mezza e le due e mezza, c'è **il pranzo**.

Molti italiani pranzano a casa.

Molti italiani pranzano in mensa.

Molti italiani pranzano al ristorante o ad una tavola calda.

Generalmente,

per primo mangiano...

della minestra o della pastasciutta

per secondo mangiano...

della carne o del pesce con della verdura o delle patate fritte

e **per dessert** mangiano della frutta:

una mela   una pesca   un po' di uva   una banana o un'arancia

o un dolce:

una fetta di torta   uno yogurt o un gelato.

Il pranzo di Matilde

Matilde ha pranzato bene. Che cosa ha mangiato?
(Ci sono quattro cose.)
Adesso disegna Matilde da te e metti le lettere di quattro cibi nel suo stomaco.
Il tuo o la tua partner può trovare i quattro cibi?

3ª Unità

La merenda

Verso le cinque del pomeriggio è l'ora della **merenda**.

I ragazzi fanno spesso merenda. Hanno fame!

Gli adulti qualche volta prendono il tè.

A merenda, generalmente bevono...

della cioccolata calda    del succo di frutta    o del tè al limone

e mangiano...

dei panini    dei biscotti    o delle paste.

E nel tuo paese?

Fai merenda?

Sì.

A che ora?

Alle quattro e mezza.

Cosa bevi?

Del tè o della coca cola.

Cosa mangi?

Dei tramezzini o dei biscotti.

Intervista quattro compagni di classe.
Se c'è una parola italiana che non conosci, chiedila al tuo professore/alla tua professoressa, così:

"Professore, come si dice 'peanut butter' in italiano?"

Quali conclusioni puoi ricavare?

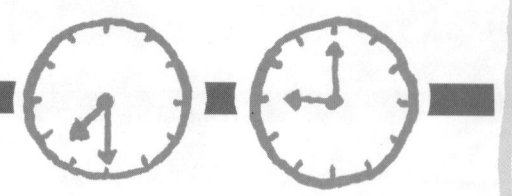

3ª Unità

La cena

L'ultimo pasto del giorno è **la cena**. Generalmente gli italiani cenano fra le sette e mezza e le nove di sera. Tutta la famiglia mangia insieme.

Per primo mangiano della minestra o della pastasciutta.

Per secondo mangiano della carne, del pesce o della frittata con della verdura.

Per finire mangiano del formaggio, un dolce o della frutta.

C'è sempre del pane sulla tavola. Spesso gli adulti bevono del vino.

Ascolta questi italiani. Che cosa mangiano generalmente a cena? Scrivi i simboli.

Esempio:

Lavoro di gruppo

Leggi questo dialogo con un(a) partner:

A: Sandro, cosa mangi la sera?

B: Beh, io non mangio molto la sera. Generalmente mangio tre o quattro fette di pane con burro e marmellata, una banana e un bicchiere di latte.

A: Niente di caldo?

B: Qualche volta un hamburger con patate fritte. E tu, cosa mangi la sera?

Ora, fa' un'intervista come questa ad altri quattro amici. C'è una differenza tra quello che mangiate voi la sera e quello che mangiano gli italiani?

3ª Unità

Una lettera dal tuo corrispondente

La tua amica ha ricevuto questa lettera dal suo corrispondente, Gianni.

> — 2 —
>
> e generalmente faccio colazione verso le sette. Mangio dei biscotti e bevo una tazza di caffelatte. E tu, cosa mangi a colazione?
>
> Pranzo alle due quando arrivo a casa dopo la scuola. Generalmente mangio della pastasciutta, della carne e della verdura, e una mela.
>
> Alle cinque generalmente ho fame e mangio due o tre fette di pane con burro e marmellata. Mi piace molto la marmellata di pesche!
>
> Ceno con tutta la famiglia verso le nove. Mio fratello non cena con noi. È troppo piccolo (ha 2 anni). Mangiamo due o tre piatti: degli spaghetti, dei ravioli o della minestra, poi per secondo della carne o della frittata, poi un dolce. Non mi piace molto il pesce.
>
> A presto,
> Tanti saluti,
> Gianni

La tua amica ha letto la lettera di Gianni, poi ha fatto questa tabella. C'è qualche errore? Correggili!

Riscrivi la tabella cambiando le parole sbagliate.

I pasti di Gianni

PASTO	ORA	MANGIA
colazione	7.00	dei biscotti
pranzo	1.00	della pastasciutta della carne della verdura una mela
merenda	5.00	una fetta di pane con burro
cena	8.00	degli spaghetti della minestra della carne del pesce del formaggio

3ª Unità

Compriamo della frutta

Se hai fame, puoi sempre comprare un po' di frutta (delle pesche, dell'uva, delle mele, delle arance o delle banane, per esempio).
In Italia è meglio lavare la frutta prima di mangiarla.

Ascolta queste persone che comprano della frutta. Che cosa compra ciascuno, e quanto ne compra?

Esempio: uva ½ kg

mezzo chilo di uva

un chilo di pesche

due chili di banane

Ascolta ancora una volta. Quanto pagano?

Esempio: 1.200 lire.

La verdura

Allo stesso negozio, ci sono delle signore che comprano della verdura.

1. CARCIOFI 2000 L kg
2. POMODORI 1400 L kg
3. ZUCCHINE 1600 L kg
4. PATATE 800 L kg
5. PISELLI 1800 L kg

Ascolta i dialoghi e trova la lista giusta per ogni cliente.

Esempio: 1ª cliente = lista d.

a.
1 kg patate
2 kg zucchine
½ kg pomodori

b.
1 kg pomodori
½ kg piselli
1 kg carciofi

c.
½ kg piselli
1 kg zucchine
2 kg patate
4 carciofi

d.
2 kg pomodori
1 kg carciofi
½ kg zucchine
1 kg piselli

Ascolta ancora una volta. Trova la ricevuta giusta per ogni cliente.

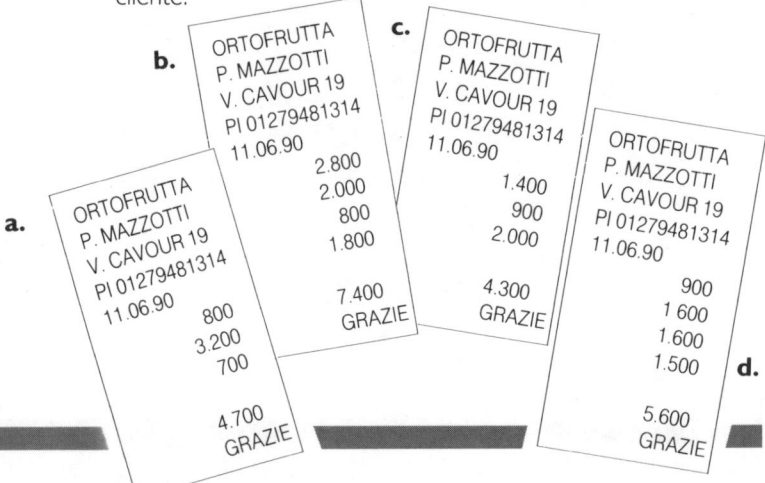

a.
ORTOFRUTTA
P. MAZZOTTI
V. CAVOUR 19
PI 01279481314
11.06.90
800
3.200
700
4.700
GRAZIE

b.
ORTOFRUTTA
P. MAZZOTTI
V. CAVOUR 19
PI 01279481314
11.06.90
2.800
2.000
800
1.800
7.400
GRAZIE

c.
ORTOFRUTTA
P. MAZZOTTI
V. CAVOUR 19
PI 01279481314
11.06.90
1.400
900
2.000
4.300
GRAZIE

d.
ORTOFRUTTA
P. MAZZOTTI
V. CAVOUR 19
PI 01279481314
11.06.90
900
1.600
1.600
1.500
5.600
GRAZIE

3ª Unità

Quanto costa? Quanto costano?

Per chiedere il prezzo di **un** articolo, si dice "**quanto costa...?**"

> Quanto costa una banana?

Per chiedere il prezzo di **alcuni** articoli, si dice "**quanto costano...?**"

> Quanto costano le banane?

Attenzione!

In inglese si dice 'grapes' e in italiano si dice 'uva'. La parola italiana è singolare e perciò si dice:

> Quanto costa l'uva?

Fruttivendolo: Buongiorno.
Cliente: Buongiorno. Scusi, quanto costa l'uva?
Fruttivendolo: Costa milleduecento lire al chilo.
Cliente: Grazie.

Un pranzo in spiaggia

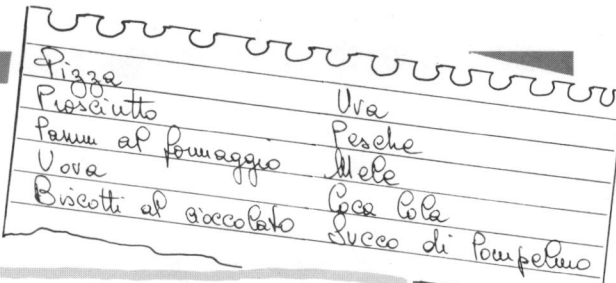

Pizza
Prosciutto
Panini al formaggio
Uova
Biscotti al cioccolato
Uva
Pesche
Mele
Coca Cola
Succo di Pompelmo

Prima di comprare tutte le cose per il pranzo in spiaggia, questa ragazza vuole sapere se le cose sulla lista piacciono o non piacciono ai suoi amici.

Ecco le sue domande	Ecco le loro risposte
Francesco, ti piace la pizza?	Sì, moltissimo. ✓✓✓
Daniela, ti piace l'uva?	Sì, molto. ✓✓
Daniela, ti piace il succo di pompelmo?	Abbastanza. ✓
Mauro, ti piace la coca cola?	No, non molto. ✗
Francesco, ti piace il prosciutto?	No, non mi piace proprio. ✗✗
Mauro, ti piacciono i biscotti al cioccolato?	Sì, moltissimo. ✓✓✓
Francesco, ti piacciono le pesche?	Sì, molto. ✓✓
Daniela, ti piacciono le mele?	Abbastanza. ✓
Mauro, ti piacciono i panini al formaggio?	No, non molto. ✗
Francesco, ti piacciono le uova?	No, non mi piacciono proprio. ✗✗

Secondo te, che cosa compra e che cosa non compra?
Lavora con un(a) partner.

A fa la domanda.
B risponde.

Poi scambiatevi i ruoli.

Esempio:
A: Ti piace la pizza?
B: Abbastanza.

31

3ª Unità

Banane 1 kg
Uva 1 kg
Pesche ½ kg
Prosciutto (2 etti)
Panini 4
Biscotti al cioccolato
Formaggio (2 etti)
Coca cola (grande)

Un picnic

Durante la tua vacanza in Italia, con un gruppo di quattro amici, decidete di fare un picnic.
During your holiday in Italy, you decide to go on a picnic with four friends.

Ciascuno fa una lista delle cose da comprare per cinque persone, così:
Each of you makes a list of things to buy for five people, like this:

Prosciutto
Coca cola
succo di arancia
Banane

Poi lavorate insieme, mettendovi d'accordo sulla lista finale.
Then work together, agreeing what should go on the final shopping list.

Queste domande e risposte vi aiuteranno:
These questions and answers will help you:

- Ti piace il prosciutto?
- Sì, moltissimo.

- Preferisci la coca cola o il succo di arancia?
- Preferisco il succo di arancia.

- Ti piacciono le banane?
- Abbastanza.

Ora scrivete la lista finale, così:
Now write out your final list like this:

Prosciutto
Coca cola (crossed out)
succo di arancia
Banane

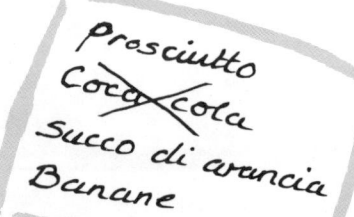

Si fa la spesa

Leggi questi dialoghi con un(a) partner.

Dal fruttivendolo

Cliente: Buongiorno.
Fruttivendolo: Buongiorno. Dica?
Cliente: Vorrei un chilo di banane, per favore.
Fruttivendolo: Un chilo di banane... Ecco signorina. Vuole altro?
Cliente: Sì, un chilo di uva, per favore.
Fruttivendolo: Un chilo di uva... Altro?
Cliente: Mezzo chilo di pesche.
Fruttivendolo: Altro?
Cliente: Basta così. Quant'è?
Fruttivendolo: Un momento... tre mila le banane, duemila l'uva, novecento le pesche... cinquemilanovecento lire, per favore... grazie.
Cliente: Grazie. Arrivederci.
Fruttivendolo: Arrivederci.

3ª Unità

Al negozio di alimentari

Negoziante: Buongiorno. Mi dica.

Cliente: Buongiorno. Dunque... vorrei due etti di prosciutto, per favore.

Negoziante: Sì. Altro, signore?

Cliente: Quattro panini.

Negoziante: Ecco i panini. Poi?

Cliente: Dei biscotti al cioccolato.

Negoziante: Questi qui, vanno bene?

Cliente: Sì. E poi mi dia due etti di questo formaggio.

Negoziante: Due etti di formaggio. Altro?

Cliente: Una bottiglia grande di coca cola.

Negoziante: Altro?

Cliente: No, basta così. Grazie. Quant'è?

Negoziante: Undicimilaseicentocinquanta lire... Grazie.

Cliente: Grazie. Arrivederci.

Negoziante: Arrivederci.

Provate voi!

Inventate i dialoghi necessari per comprare tutte le cose sulla vostra lista (*Un picnic*, pagina 32).
Se possibile, registrateli.

Queste combinazioni vi saranno utili:

Vorrei / Mi dà	un etto (100 g) due etti (200 g) tre etti (300 g) mezzo chilo (500 g) un chilo (1 kg) due chili (2 kg)		prosciutto questo formaggio uva pesche mele arance banane pomodori	per favore
	un pezzo tre pezzi		di	questo formaggio pizza	
	un pacchetto due pacchetti		burro biscotti	
	un vaso due vasi		marmellata	
	una bottiglia due bottiglie sei lattine		coca cola birra aranciata	

3ª Unità

I cibi enigmistici

Puoi identificare questi cibi?
Scrivi i nomi dei cibi. Poi guarda il quaderno del tuo/della tua partner. Siete d'accordo?

Esempio:
1. Sono delle banane.

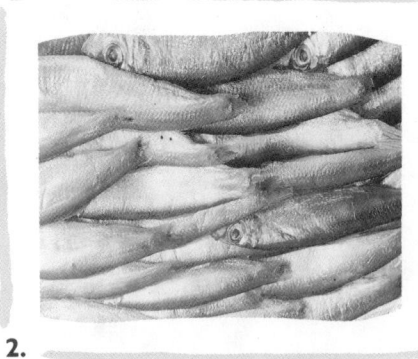

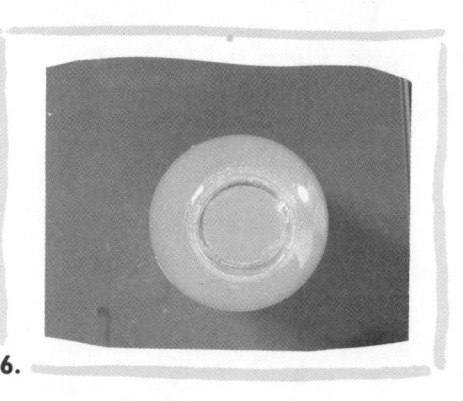

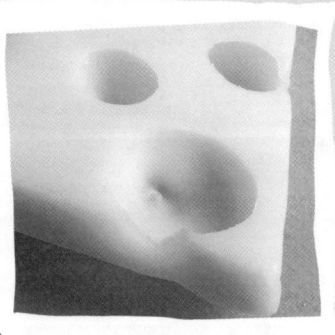

1.
2.
3.
4.
5.
6.
7.
8.
9.
10.

3ª Unità

Il gioco del supermercato

Ecco un gioco per due persone. Il tuo professore/la tua professoressa vi spiegherà le regole.

In banca

Non hai più soldi. Devi andare in banca per cambiare altri soldi.

Con un(a) partner, leggi i seguenti dialoghi. Uno fa la parte dell'impiegato, l'altro del cliente, poi scambiatevi i ruoli.

Dialogo 1

Impiegato: Buongiorno.
Cliente: Buongiorno. Vorrei £30 → Lire
Impiegato: Il Suo cognome, per favore?
Cliente: _____
Impiegato: Il Suo nome?
Cliente: _____
Impiegato: Mi dia il Suo indirizzo in Italia.
[PENSIONE LIDO, VIA MATTEOTTI]
Cliente: _____
Impiegato: Ha un documento?
Cliente: _____
Impiegato: Grazie ... Firmi qui ... Passi alla cassa.
Cliente: _____
Impiegato: Arrivederci.

Dialogo 2

Cliente: _____
Impiegato: Buongiorno. Desidera?
Cliente: [Thomas Cook] → LIRE
Impiegato: Quanti traveller's cheque vuole cambiare?
Cliente: £10   £10
Impiegato: Lei è inglese?
Cliente: _____
Impiegato: Ha il passaporto, per favore?
Cliente: _____
Impiegato: Grazie ... Qual è il Suo indirizzo in Italia?
[CAMPEGGIO MIRAMARE   RIMINI CENTRO 2]
Cliente: _____
Impiegato: Può firmare qui, per favore? ... Grazie. Si accomodi alla cassa.

* * * * * *

Cassiere: Come li vuole?
Cliente: 3 × 10.000   2 × 5.000

3ª Unità

Adesso, tocca a te!

1.
Nel ristorante dell'albergo c'è questo cartello.
Ci sono molti ospiti che non parlano italiano.
Invece di spiegare dieci volte il menù, decidi di fare un cartello scritto in inglese.
Fa' una copia in inglese.

HOTEL CRISTALLO		
Menù – lunedì 25 gennaio		
COLAZIONE	Alle ore 8.00	Pane Burro Marmellata Cioccolata calda/Tè
PRANZO	13.30	Spaghetti alla bolognese Frittura di pesce Patate fritte Piselli Frutta fresca/Gelato
CENA	20.00	Minestra di verdura Frittata, Insalata Formaggio Frutta fresca/Torta di mele

2.
Durante la tua vacanza in Italia, decidi di fare un'escursione a San Marino con tre amici.
Fa' una lista di tutte le cose che devi comprare per un picnic per quattro persone.

3.
Le cose sulla tua lista piacciono o non piacciono al tuo/alla tua partner?
Fa' delle domande così:

> Ti piace il formaggio? — Abbastanza.
> Ti piacciono le mele? — Sì, molto.

Indica le risposte con ✓ o ✗ ecc. sulla tua lista:

Formaggio ✓
Mele ✓✓

4.
Al negozio di alimentari vendono anche della frutta e della verdura, ma non ci sono cartelli con i prezzi.
Mentre aspetti, ascolti le conversazioni degli altri clienti.
È possibile scoprire il prezzo al chilo di questa frutta?
Scrivi i prezzi al chilo.

5.
Decidi di comprare tutte le cose sulla tua lista nel negozio di alimentari.
Ascolta questi clienti.
C'è qualche articolo sulla tua lista che non si può comprare qui?
Is there anything on your list which is not available?

6.
Lavora con un(a) partner.
A fa la parte del(la) cliente.
B fa la parte del negoziante.
Poi scambiatevi ruoli.

Cliente: Buy the items on your list. Don't forget to
- say what you want
- say how much or how many you want
- ask how much you owe
- greet and thank the shopkeeper politely.

Negoziante: You will need to
- check you have understood which food the customer wants, and how much
- work out the price
- answer any questions
- if some items are not available, say so: "Mi dispiace, non ne abbiamo."

Here is what is on sale:

[Arance/Fanta lattina 950L; 2000L kg; Coca Cola bottiglia 2.200L; 8.300L kg (formaggio); 1200L; 400L pezzo; 3000L kg (banane)]

Queste frasi ti aiuteranno:

> Buongiorno.
> Mi dica!
> Altro?
> Mi dispiace, non ne abbiamo più.
> Grazie.
> Arrivederci.

Ora sai

Now you know

the names of meals in Italian	la colazione il pranzo la merenda la cena
what Italians usually eat at different meals	del pane della minestra del burro delle patate della pastasciutta della frittata della carne della verdura del pesce dell'uva
how to say whether you like or dislike various foods and to ask others	Ti piace l'uva? Sì, moltissimo. Abbastanza. No, non mi piace proprio. Ti piacciono le pesche? Sì, molto. No, non molto.
how to buy food	Vorrei due etti di prosciutto, per favore. Un chilo di patate, per favore. Mi dà mezzo chilo di mele, per favore? Vorrei del pane, per favore. Vorrei della marmellata, per favore. Vorrei dei biscotti, per favore. Mi dà quattro etti di prosciutto, per favore.
how to ask the price	Quanto costa questo formaggio? Quanto costano i pomodori?
how to say that that's all you want	Basta così, grazie.
how to ask how much you owe	Quant'è?

3ª Unità

4ª Unità
MANGIAMO QUALCOSA!

*No visit to Italy would be complete without trying a real Italian ice-cream (**un gelato**). Or, if you're hungry, look out for shops selling hot squares of pizza (**pizza al taglio**). In tourist areas, you can often buy these from a street seller (**un venditore ambulante**), who also sells soft drinks and other snacks. If you prefer a complete meal, a **pizzeria** is a good place to choose. **Pizzerie** are usually friendly and not too expensive, and the menu often includes other dishes as well as pizza.*

*In this unit, you will learn how to choose an ice-cream at a **gelateria**, buy a snack from a **venditore ambulante**, and order a meal at a **pizzeria**.*

In questa grande gelateria a Rimini, ci sono diciotto gusti.

Questo venditore ambulante vende hot dog e coca cola.

Questi pezzi di pizza al taglio sono buonissimi.

Molte famiglie vanno in pizzeria la sera.

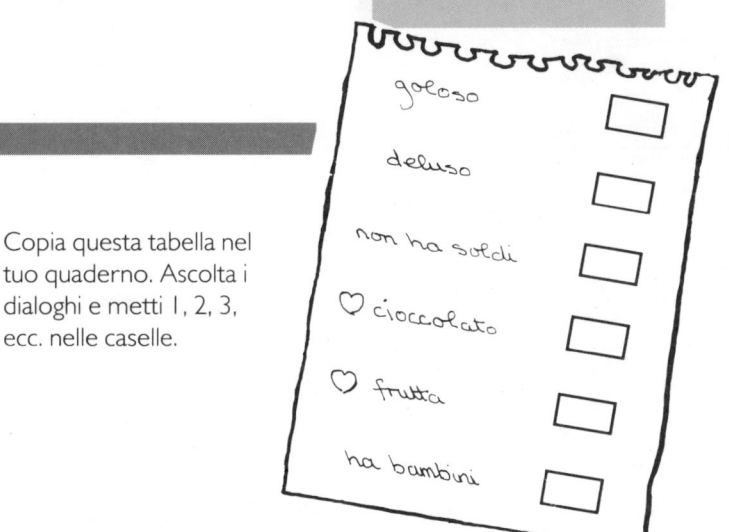

4ª Unità

Specialità GELATI - Produzione Propria

- coppa — grande 3000L / piccola 2000L
- cono — grande 1500L / piccolo 1000L
- con panna montata 500L

GUSTI

- crema
- fragola
- menta
- albicocca
- cioccolato
- limone
- nocciola
- banana
- pistacchio
- cocco
- caffè
- croccantino al rhum
- zuppa inglese
- frutti di bosco

In gelateria

In Italia è possibile prendere un gelato misto con due, tre o anche quattro gusti diversi. Secondo te, quali sono le combinazioni più deliziose? E le combinazioni più sgradevoli? Scrivi le liste nel tuo quaderno.

Esempio:

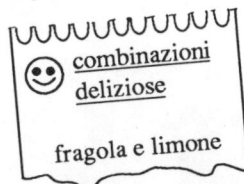

combinazioni deliziose: fragola e limone

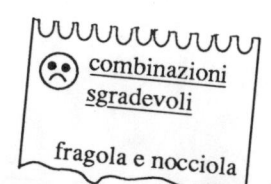

combinazioni sgradevoli: fragola e nocciola

Desidera?

Cinque persone comprano dei gelati.

goloso	greedy
deluso	disappointed

- Chi è il più goloso?
- Chi è deluso?
- Chi non ha soldi abbastanza?
- A chi piace in modo particolare il cioccolato?
- Chi preferisce gelati di frutta?
- Chi compra dei gelati per i suoi bambini?

Copia questa tabella nel tuo quaderno. Ascolta i dialoghi e metti 1, 2, 3, ecc. nelle caselle.

- goloso ☐
- deluso ☐
- non ha soldi ☐
- ♡ cioccolato ☐
- ♡ frutta ☐
- ha bambini ☐

Un gelato misto, per favore

Con un(a) partner, leggi questo dialogo in gelateria:

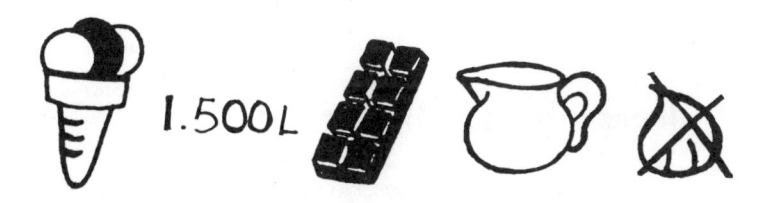

(cono 1.500L, cioccolato, crema, senza panna)

A: Buonasera.
B: Buonasera. Un gelato misto, per favore.
A: Quali gusti vuole?
B: **Cioccolato e crema**, per favore.
A: Vuole una coppa o un cono?
B: **Un cono**.
A: Da mille lire o da millecinquecento lire?
B: **Da millecinquecento**.
A: Con panna?
B: **No grazie, senza panna**.
A: Ecco... **Millecinquecento lire**.
B: Grazie.
A: Grazie a Lei.

Adesso chiedete a turno i seguenti gelati, seguendo il modello.

1. cono 1.200L, caffè, limone, senza panna
2. coppa 1.600L, albicocca, nocciola, banana, con panna
3. cono 800L, fragola, crema, cioccolato, senza panna
4. coppa 1.200L, cocco, zuppa inglese, frutti di bosco, con panna

Quanti altri dialoghi potete inventare?

4ª Unità

Il venditore ambulante

Nelle grandi città come Roma, Firenze e Venezia si trovano venditori ambulanti come questo. Se hai fame, puoi sempre comprare un pezzo di pizza, un hot dog, della focaccia o un pezzo di cocco. Vendono anche delle bibite come la coca cola e l'aranciata.

Leggi questo dialogo con un(a) partner:

Adesso lavora con un(a) partner ed inventate conversazioni per le seguenti situazioni:

a. You are buying something refreshing for three people on a very hot day.
b. You are buying a snack for two people at lunchtime.
c. You are buying something for two people on a cold winter's evening.
d. You are buying food and drink for three people who have just completed a 2-hour sight-seeing trip on foot.

Venditore: Buongiorno. Mi dica!

Turista: Buongiorno. Un pezzo di pizza, un hot dog e due mele, per favore.

Venditore: Va bene. Allora un pezzo di pizza, tenga. E poi un hot dog e due mele.

Turista: Quant'è?

Venditore: Allora milledue, tremiladue, quattromiladuecento lire.

Turista: Grazie.

Venditore: Grazie a Lei. Arrivederci.

Turista: Arrivederci.

— Fanno cinquanta lire per mano!

In pizzeria

LISTA del GIORNO

Pane e coperto   2.000 L

PIZZE

Margherita   6.000 L
(con pomodoro e mozzarella)

Napoletana   7.000 L
(con pomodoro, mozzarella, acciughe, prosciutto e capperi)

Ai Funghi   6.500 L
(con pomodoro, mozzarella e funghi)

Capricciosa   7.000 L
(con pomodoro, mozzarella, carciofi, prosciutto e funghi)

Ai Prosciutto   6.500 L
(con pomodoro, mozzarella e prosciutto)

Quattro Stagioni   7.500 L
(con pomodoro, mozzarella, carciofi, funghi, olive, prosciutto, acciughe)

Marinara   7.000 L
(con pomodoro, mozzarella, acciughe, frutti di mare)

INSALATE

Insalata verde .... 3.000 L
Insalata mista .... 4.000 L

DESSERT

Gelati assortiti .... 4.000 L
Torta .... 5.000 L
Frutta fresca di stagione ...... 3.000 L

BEVANDE

Vino bianco 1l. 7.000 L   1/2 l. 4.000 L
Vino rosso   1l. 7.000 L   1/2 l. 4.000 L
Caffè, acqua minerale, liquori

Guida agli ingredienti

la mozzarella
è un formaggio.

le acciughe
sono piccoli pesci con un forte sapore salato.

i capperi
sono piccoli e verdi con un sapore piccante.

i peperoni
sono verdi, rossi o gialli, con un sapore piccante.

le olive
sono piccole e verdi o nere, con un sapore salato.

le vongole
sono piccoli molluschi: sono frutti di mare.

Con un(a) partner, leggi la guida agli ingredienti.

A   pensa ad un ingrediente.

B   fa delle domande che abbiano come risposta **sì** o **no** per scoprire l'ingrediente segreto.

Esempio:

B: Sei pronto/a?
A: Sì.
B: Sono frutti di mare?
A: No.
B: Hanno un sapore piccante?
A: Sì.
B: Sono capperi?
A: No.
B: Sono peperoni?
A: Sì.
B: Adesso, tocca a me ...

4ª Unità

4ª Unità

Pizze nuove

Inventa alcune pizze nuove ed originali.

Esempio:
pizza per bambini

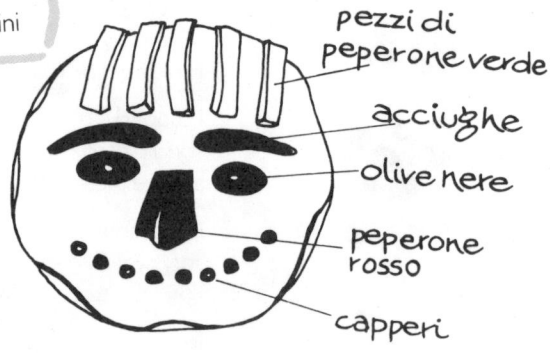

- pezzi di peperone verde
- acciughe
- olive nere
- peperone rosso
- capperi

Quali ingredienti metteresti sulle seguenti pizze? Fa' dei disegni.

1. pizza vegetariana
2. pizza per carnivori
3. pizza superfantastica
4. pizza sorpresa
5. pizza artistica

Per favore, com'è?

Qualche volta gli ingredienti non sono scritti sulla lista. È utile sapere come chiedere informazioni al cameriere.

Ascolta questa turista che chiede informazioni al cameriere. Poi leggi il dialogo con un(a) partner.

Turista : Per favore, com'è la pizza napoletana?
Cameriere : Beh, è una pizza con pomodoro, mozzarella, acciughe, prosciutto e capperi.
Turista : È buona?
Cameriere : Buonissima!
Turista : Va bene, prendo una pizza napoletana.

Chiedi al tuo o alla tua partner come sono queste pizze:
1. una pizza marinara
2. una pizza quattro stagioni
3. una pizza vegetariana
4. una pizza sorpresa

Ha un tavolo libero per quattro?

Quando arrivi alla pizzeria con un gruppo di amici, la prima cosa che devi fare è trovare un tavolo, così:

Cliente : Buonasera.
Cameriere : Buonasera..
Cliente : Ha un tavolo per tre, per favore?
Cameriere : Per tre... sì, prego, accomodatevi.

Cliente : Buonasera.
Cameriere : Buonasera.
Cliente : Ha un tavolo per quattro, per favore?
Cameriere : Per quattro... Mi dispiace, non c'è posto. Può aspettare dieci minuti?

4ª Unità

Lavora con un(a) partner. Chiedi un tavolo per un gruppo di persone, poi scambiatevi i ruoli. Il cameriere o la cameriera deve guardare i tavoli. C'è un tavolo libero, o no?

Ecco i gruppi di persone:

1.
2.
3.
4.
5.
6.

Ecco i tavoli alla pizzeria:

Potrei avere il conto, per favore?

Ascolta le persone in queste pizzerie.

1. Per ogni dialogo trova il conto adatto.
2. C'è un errore in uno dei conti. Quale?

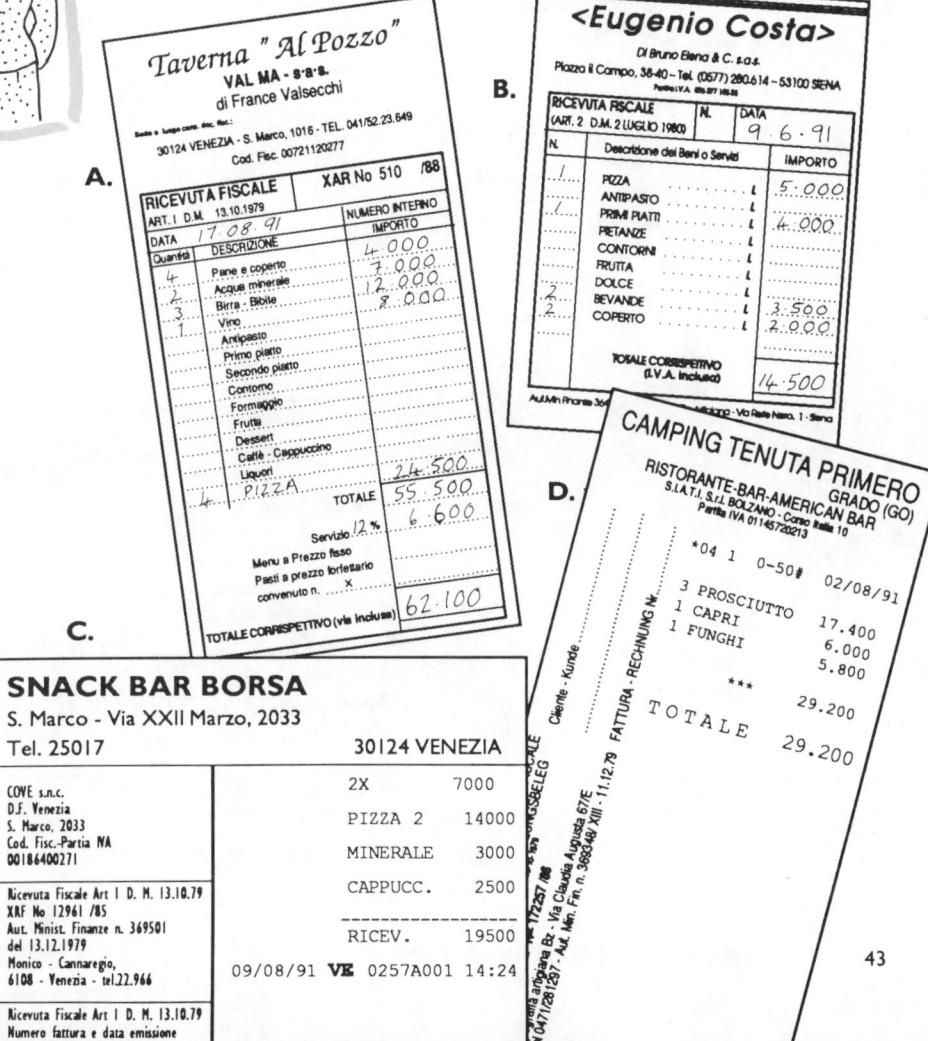

A.
B.
C.
D.

4ª Unità

Adesso, tocca a te!

1.
Hai deciso di comprare un gelato. Prima di andare alla gelateria, scrivi:
- il gusto o i gusti che vuoi
- una coppa o un cono?
- da 1.000 lire o da 1.400 lire?
- con panna montata o senza panna montata?

2.
Ascolta gli altri clienti nella gelateria. È possibile comprare il gelato che vuoi? Se non è possibile, scegli un gelato diverso.

3.
Lavora con un(a) partner. Comprate i vostri gelati. Uno fa la parte del cliente, l'altro del gelataio, poi scambiatevi i ruoli.

Gelataio:	Buongiorno.
Cliente:	_____
Gelataio:	Quali gusti vuole?
Cliente:	_____
Gelataio:	Vuole una coppa o un cono?
Cliente:	_____
Gelataio:	Da mille o da millequattrocento lire?
Cliente:	_____
Gelataio:	Con panna?
Cliente:	_____
Gelataio:	Ecco.
Cliente:	_____
Gelataio:	Grazie a Lei.

4.
You go to a pizzeria with four friends who don't speak Italian. Can you answer their questions about the menu?

1. Do they have any pizzas with no meat on them?
2. What's in a Pizza Capricciosa?
3. What could I have with my pizza?
4. What sweets have they got?
5. What shall I have to drink with the meal?
6. Should we leave a tip?

PIZZERIA "LA PINETA"

PIZZE   6.000 L

Margherita (pomodoro, mozzarella)
Quattro Stagioni (peperoni, carciofi, funghi, mozzarella, pomodori, acciughe)
Siciliana (olive, capperi, pomodoro, mozzarella)
Capricciosa (pomodoro, prosciutto, mozzarella, carciofi)
Prosciutto (prosciutto, mozzarella, pomodoro)

INSALATE   3.000 L

Insalata verde
Insalata mista
Insalata di pomodori

DOLCI   4.000 L

Frutta
Gelati (fragola, albicocca, menta, cocco)

BEVANDE

caffè   1.500 L
cappuccino   1.800 L
vino bianco (bott.)   8.000 L
vino rosso (bott.)   6.000 L
birra   2.000 L
acqua minerale   1.600 L

servizio 12% non incluso

4ª Unità

5.
Your friends have decided what they want to eat and drink.

A: Order all the food and drink for yourself and your friends (Meal 1).

B: Play the part of the waiter. Write down the order, then read it back to the customer at the end when you are asked for the bill.

Then change roles. **A** is the waiter; **B** orders Meal 2.

Meal 1

- I'll have a pizza siciliana and a frothy coffee.
- Just a mixed salad and a beer for me, please.
- I'd like a pizza capricciosa, a green salad, a glass of wine, and an apricot ice-cream.
- A pizza capricciosa, a mixed salad, strawberry ice to follow, and mineral water to drink, please.
- (and for you?)

Cameriere: Buonasera.
Cliente: _____
Cameriere: Desiderano?
Cliente: _____
Cameriere: E da bere?
Cliente: _____
Cameriere: Volete un dolce?
Cliente: _____

* * * *

Cliente: Potrei avere il conto, per favore?
Cameriere: *(Rileggi tutta la lista.)*

Meal 2

- Ham pizza, green salad and red wine for me.
- I'd like red wine too, a pizza margherita and a coconut ice-cream.
- A pizza quattro stagioni with mixed salad, and a glass of white wine.
- Ham, salad, a beer and a mint ice-cream, please.
- (and for you?)

6.
A group of people are waiting to buy things at a stall. As they are having difficulty making themselves understood, you offer to help.
Work with a partner.

A chooses one of the bubbles below and asks the **venditore** in Italian.

B points to the appropriate speech bubble.

Take it in turns until you have asked all the questions.

a. Could you ask for two cokes, please?
b. Could you ask for an orangeade and a coke, please?
c. How much are these pieces of coconut?
d. How much are the apples?
e. How much is the pizza?
f. How much are hot dogs?
g. Could you get me a piece of pizza and an orange, please?
h. Could you ask him for two hot dogs and two apples, please?
i. How much is the orangeade?

Esempio:

A: Quanto costa l'aranciata?
B: You want to know how much orangeade costs. *(Points to i.)*

4ª Unità

Ora sai

Now you know

how to order different ice-creams	Un gelato alla fragola/al caffè/all'albicocca. Un gelato misto: nocciola, croccantino al rhum e crema. Una coppa da 1.500 L. Un cono da 1.000 L. Con panna montata, per favore.
how to buy a snack from a **venditore ambulante**	Un pezzo di pizza, per favore. Un pezzo di cocco, per favore. Un hot dog, per favore.
how to ask for a table at a pizzeria	Ha un tavolo per quattro?
the names of pizza ingredients	le acciughe, i capperi, le vongole, le olive, i peperoni, la mozzarella
how to order a mixed or green salad	Un'insalata mista, per favore. Un'insalata verde, per favore.
how to ask what a dish is like	Scusi, com'è la pizza napoletana?
how to ask for and understand the bill	Potrei avere il conto, per favore? pane e coperto/servizio (non)incluso

5ª Unità
CASE ED APPARTAMENTI

If you go on holiday to Italy with your family, you might prefer to rent a house or a flat rather than stay in a hotel. It is very easy to find flats and houses to rent, especially in ski and seaside resorts.

In this unit, you will learn to understand details of houses and flats and you will learn how to describe the kind of accommodation you live in.

Una casa o un appartamento?

In Italia, soprattutto nelle grandi città come Roma, Firenze o Bologna, molte famiglie abitano in un appartamento.

In questo palazzo ci sono quattro appartamenti. Il palazzo si trova nel centro storico di Rimini.

In questa palazzina ci sono tre appartamenti. Ogni appartamento ha un balcone e un piccolo giardino.

Questa casa moderna si trova in periferia, a quattro chilometri dal centro storico. Ha un garage, un terrazzo ed anche un bel giardino.

- Hai notato qualche differenza tra le case italiane e quelle nel tuo paese?
- Nella tua classe, chi abita in un appartamento e chi abita in una casa? Secondo te, la maggioranza abita in una casa o in un appartamento?

5ª Unità

Dove abiti?

Queste frasi ti aiuteranno a capire informazioni su case ed appartamenti diversi ed a parlare della tua casa.

Dove abiti?	Where do you live? (*when speaking to someone whom you address by their first name*)
Dove abita?	Where do you live? (*when speaking to someone older than you or to a stranger*)
Abito a Rimini.	I live in Rimini.
È una grande città.	It's a large town.
È una cittadina vicino a Rimini.	It's a small town near Rimini.
È un piccolo paese.	It's a little village.
Abito in un appartamento.	I live in a flat.
Abito in una casa.	I live in a house.
È un palazzo vecchio.	It's an old building.
È una bella casa.	It's a lovely house.
È una casa a schiera.	It's a terraced house.
È una casa bifamiliare.	It's a semi-detached house.
È un appartamento moderno.	It's a modern flat.
Il palazzo è piuttosto brutto.	The building is rather ugly.
È al primo piano.	It's on the first floor.
È al pianterreno.	It's on the ground floor.
Abito in centro.	I live in the town centre.
Abito in periferia.	I live on the outskirts.
Abito in campagna.	I live in the country.
Abito nel circondario di Rimini.	I live in the area around Rimini.

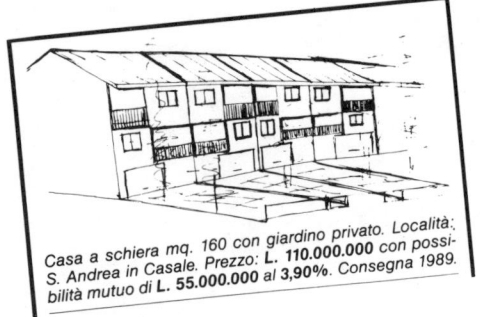

Ecco una pubblicità di una casa a schiera a Rimini.

Casa a schiera mq. 160 con giardino privato. Località: S. Andrea in Casale. Prezzo: L. 110.000.000 con possibilità mutuo di L. 55.000.000 al 3,90%. Consegna 1989.

All'agenzia immobiliare

A Rimini si possono affittare case ed appartamenti di tutti i tipi.
In quest'agenzia, stanno per mettere questi disegni con i relativi dettagli in vetrina.
Metti insieme ciascuno dei disegni con i relativi dettagli.

A. AFFITTASI
Nel centro storico appartamento al primo piano.

B. AFFITTASI
Casa a schiera con giardino privato. Periferia di Rimini: luglio – agosto – settembre.

C. Casa modernissima, bifamiliare, a due piani, nel circondario di Rimini (20 km).

D. Periferia di Rimini. Appartamento in villa, zona tranquilla. Balconi e garage.

E. APPARTAMENTO TURISTICO a pochi metri dalla spiaggia in piccola palazzina. Appartamento al piano terra. Affitto periodo estivo.

F. AFFITTASI
Casa indipendente in campagna a Monte Colombo. Vista panoramica.

Qual è la casa o l'appartamento che ti piace di più?

5a Unità

Si ricercano famiglie ospiti

Il Centro di Lingua Italiana ricerca famiglie che vorrebbero ospitare giovani studenti di italiano durante i mesi estivi.

Ascolta queste persone che parlano delle loro case, e completa una scheda per ciascuno.

Esempio:

Nome e cognome:	Priscilla Tosi
Ubicazione:	Periferia, Italia in Miniatura
Abitazione:	Appartamento 2° piano
Giardino:	✓
Famiglia:	(5) Marito, Moglie, Antonio (15), Sebastiano (13), Nonna
Animali:	criceto
Interessi:	Nuoto, calcio, pattinaggio, pedalò
Altro:	Andare in gelateria

Secondo te, quale sarebbe la famiglia più adatta per questo studente?

Cognome e nome:	PRIVAT Thierry
Nazionalità:	Francese
Età:	18 anni
Interessi:	Sport: nuoto, tennis, windsurf, cinema, discoteca, ecc.
Indirizzo:	16, avenue G. Sand, 36400 LA CHÂTRE.

Quale sarebbe la famiglia più adatta per te?

La casa ideale per le vacanze

Ascolta questi italiani che parlano della loro casa ideale per le vacanze.

"Mi piacerebbe affittare una casa – una casa a schiera o anche una casa bifamiliare – una casa moderna con un giardino non lontana dalla spiaggia e dai negozi."

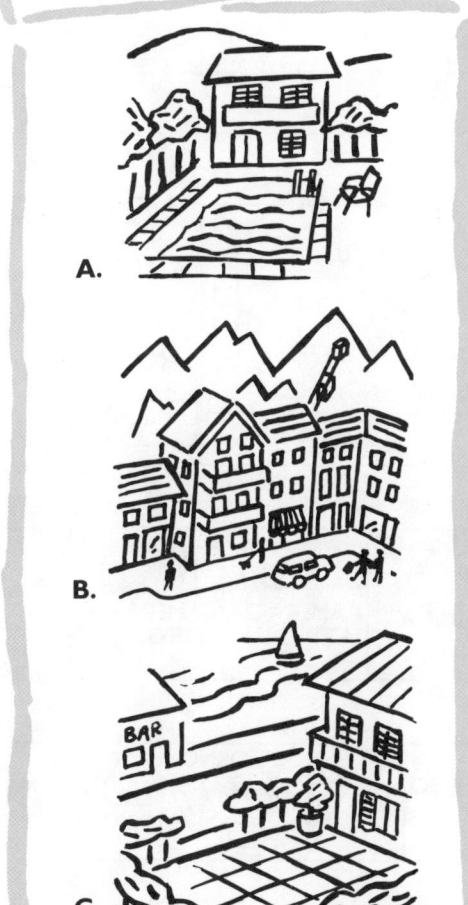

A.

B.

C.

Per ogni descrizione, qual è la casa più adatta?

5ª Unità

Il Residence Rivabella

A Rimini si può stare in albergo o in campeggio, ma alcune famiglie preferiscono affittare un appartamento. Nel Residence Rivabella ci sono tre tipi di appartamento.

I tuoi genitori hanno ricevuto questo dépliant e vorrebbero sapere quali sono le differenze tra i tre appartamenti.

TIPO A

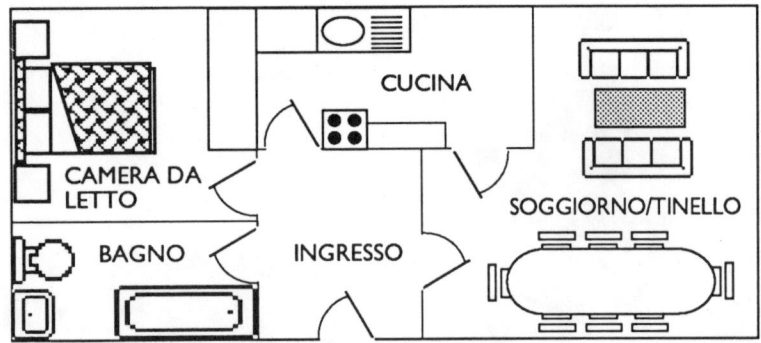

TIPO B

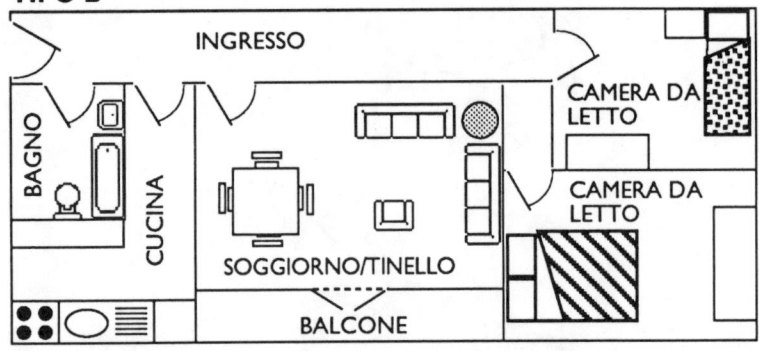

TIPO C

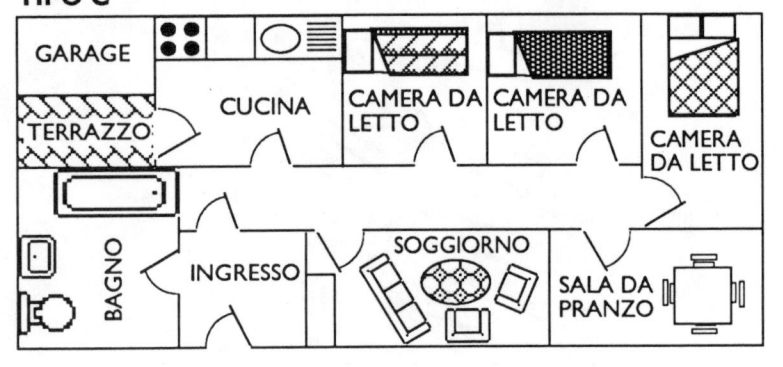

Quale appartamento sarebbe più adatto alle esigenze della tua famiglia?

L'ascensore

Nel Residence Rivabella c'è un ascensore.

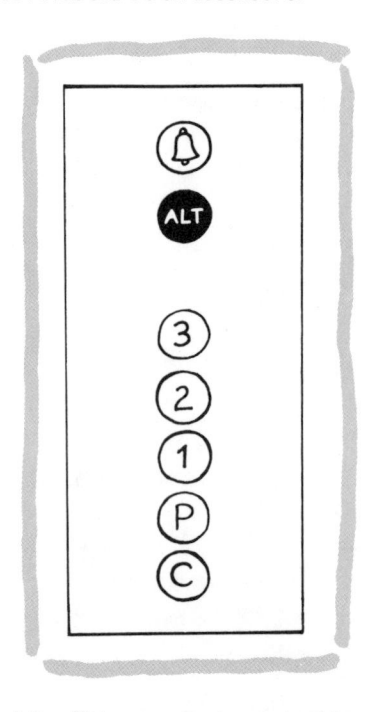

- La tua famiglia affitta un appartamento al terzo piano. Quale bottone devi premere?

- Vuoi andare in spiaggia. Quale bottone devi premere?

- Vuoi andare giù in garage. Quale bottone devi premere?

Indovinello

Sandra Sacchetti abita in un appartamento al dodicesimo piano. Quando va a scuola, entra nell'ascensore e preme il bottone per il pianterreno e scende giù. Quando torna a casa, entra nell'ascensore e preme il bottone per il decimo piano. Va al decimo piano e poi fa gli ultimi due piani a piedi. Perché?

5a Unità

Appartamenti turistici

I tuoi vicini di casa hanno intenzione di passare le vacanze nella zona di Rimini. Vorrebbero affittare una casa o un appartamento.

I loro amici italiani gli hanno mandato una copia del giornale IL FO. Ti hanno chiesto di aiutarli.

Secondo te, qual è l'appartamento o la casa più adatto/a?

Ecco il biglietto che ti hanno lasciato.

- We're flying to Bologna airport rather than going by car
- Somewhere within easy reach of beach, shops, etc
- We're taking both the children
- Preferably somewhere with a garden so that they've got somewhere to play
- Not too near the night life otherwise we'll never get any sleep!
- Somewhere where we stand a chance of meeting some Italians, if possible

Vorrei affittare...

Se vuoi affittare un appartamento o una casa per le vacanze, puoi sempre scrivere una lettera ad un'agenzia immobiliare o all'Ufficio Turistico, come questa:

Luton, 23 marzo

Spett.le Direzione,
Avrei intenzione di passare le vacanze a Rimini con la mia famiglia e vorrei affittare una casa nella periferia di Rimini, vicino alla spiaggia ed ai negozi. Se possibile vorrei affittare una casa con cucina, soggiorno, sala da pranzo, bagno, due camere da letto e giardino. Vi sarei grata se mi poteste inviare informazioni sulle case in affitto per il periodo dal 3 al 24 agosto.

Vi ringrazio in anticipo.

Distinti saluti,

Moira Rickaby

Moira Rickaby

Mrs. M. Rickaby,
3 Riverside Close,
LUTON LU2 9JB
Inghilterra.

APPARTAMENTI TURISTICI Offerte Mare

1. A PERTICARA 40 km da Rimini
Affittasi casa indipendente
Cucina, soggiorno, 2 camere letto, bagno, garage
Mesi luglio – agosto – settembre.
Tel. 0541 52233 ore pasti.

2. BELLARIVA Appartamento 2° piano, vista mare, Camera, soggiorno, cucina, bagno e posto auto.
Per informazioni Tel. 0541 371618

3. VILLA VERUCCHIO casa a schiera
Composta da ingresso, soggiorno, cucina abitabile, 3 camere, bagno, cantina, garage, piccolo giardino
Per vacanze estive
Tel. 059 361274

4. *3 km da Rimini*
Villa singola, zona tranquilla
Composta da ingresso, ampio soggiorno, studio, cucina abitabile, 4 letti, 3 bagni, garage, ampio giardino
Mesi estivi Tel. 0541 432078

5. MIRAMARE
Affittasi miniappartamento 50 mt dalla spiaggia composto da ingresso, soggiorno, cucina, camera, bagno, balconi Tel. 0541 – 614067

6. APPARTAMENTO Marina Centro
con 3 camere, 2 bagni, soggiorno con vista mare, cucina, garage 2 auto, ampio terrazzo, cantina
Tel. 0541 – 456008

7. SAN GIULIANO casa bifamiliare
Ingresso, soggiorno, cucina, 3 camere, 2 bagni, garage, giardino
Tel. 0541 601963 ore ufficio.

8. VIA PRAGA in palazzina recente; con piccolo giardino privato, zona tranquilla a 5 minuti dal mare.
Cucina, piccolo soggiorno, due camere, bagno, balconi.
Tel. 0543 65240 ore pasti.

5ª Unità

Scrivi tu una lettera

Ora scrivi una lettera spiegando che vorresti affittare una casa o un appartamento per la tua famiglia e descrivendo il tuo appartamento ideale o la tua casa ideale. Puoi sempre mandare uno schizzo dell'appartamento/della casa.

Queste frasi ti aiuteranno:

Mi piacerebbe Vorrei	affittare	una grande casa moderna un piccolo appartamento una vecchia casa di campagna un grande appartamento al terzo piano una piccola casa a schiera
in centro in periferia	vicino alla spiaggia ai negozi al mercato	con balcone soggiorno due camere da letto un bel giardino una piscina ascensore

Com'è la tua casa?

Leggi questa lettera che Roberto, un ragazzo italiano, ha scritto al suo corrispondente, Steve.

Scrivi una lettera al tuo/alla tua corrispondente in Italia, descrivendo la tua casa. Aggiungi uno schizzo della casa con i nomi delle stanze scritti in italiano.

Spadarolo, 3 marzo

Caro Steve,
   Grazie della tua lettera e della foto della tua famiglia. Mi piacerebbe molto venire a trovarvi in Inghilterra. Spero anche di vederti qui da noi in Italia.
   Spadarolo è un piccolo paese nel circondario di Rimini, a 7 chilometri dal mare. Abito in una casa in via Scilla. La casa è moderna e abbastanza grande. Al pianterreno c'è il garage e poi c'è il soggiorno, la sala da pranzo e la cucina. Abbiamo anche una piccola cantina dove teniamo il vino.
   Al primo piano ci sono tre camere e il bagno. La mia camera è piccola ma mi piace perché ho potuto appendere tutti i miei poster al muro. Dietro la casa c'è

Adesso, tocca a te!

1.
Some friends of your family would like to do a house-to-house exchange with an Italian family for three weeks during the summer holidays. They live in a three-bedroomed semi-detached house which has a garage and small garden on the outskirts of Reading. Write an advertisement in Italian like the one below so that they can send it to the agency which deals with exchanges.

2.
Your Italian friend has sent a cassette in answer to your last letter. Your best friend is keen to know what the cassette is about. Listen to the cassette and make a list of all the points you would explain to him/her.

3.
The Italian class with which you are twinned is doing a project on housing and has asked your class to send recordings in which you describe your homes and the surroundings. Make notes in Italian to describe your home, its location, and information about the rooms, etc. and use your notes to record the information on cassette.

> **SCAMBIO** appartamento Rimini centro, 2 camere da letto, soggiorno, cucina, bagno, 10 minuti dalla spiaggia, per casa/appartamento in Inghilterra. Mesi estivi. C.I. n. 7406275 Fermoposta Rimini Centrale.

---

un terrazzo dove mangiamo durante l'estate. Abbiamo un piccolo giardino ma non c'è posto abbastanza per giocare a calcio o a tennis.

Com'è la tua casa? È grande? Avete un giardino? Nella tua prossima lettera, parlami della tua casa e del tuo paese. È un paese o è piuttosto una città o una cittadina? Hai una foto della tua casa?

Adesso ti devo lasciare.
Tanti saluti,

Roberto

Mitt: Martini Roberto
Via Scilla, 8
47040 SPADAROLO

5ª Unità

Ora sai
Now you know

how to understand information about different types of accommodation	Affittasi appartamento Affittasi casa a schiera Abito in una casa bifamiliare. È un appartamento.
how to talk about the location of a house or flat	È al primo piano. È nel centro storico. Abito in periferia. Abito in campagna. in un palazzo moderno nel circondario di Rimini
some words to describe a building	moderno vecchio brutto bello È una bella casa. È un palazzo piuttosto brutto.
how to talk about different towns and villages	È una grande città. È un piccolo paese. È una cittadina vicino a Rimini.
the names of rooms and other features	la camera da letto la sala da pranzo il bagno l'ingresso la cucina il terrazzo il soggiorno il garage il balcone il giardino
how to say where you live and to ask others	Abito a Rimini. Abito in un appartamento al secondo piano. **Dove abiti?** *(when talking to someone you address by their first name)* **Abiti vicino alla stazione?** *(when talking to someone you address by their first name)* **Dove abita?** *(when talking to someone older than you or to a stranger)* **Abita in centro?** *(when talking to someone older than you or to a stranger)*

6ª Unità
REGALI E SOUVENIR

When you visit Italy, you will want to buy presents and souvenirs for yourself and for family and friends at home. You can have lots of fun looking around for things that you can't get at home and you may even be able to find some good bargains too. You can often find things which will make good presents on market stalls and in department stores. It is generally a good idea to have a look round and to compare prices first, rather than buying the first thing you see.

In this unit, you will learn how to buy presents for different people and, if something is not quite what you're looking for, you'll be able to explain that too.

Dove comprare regali e souvenir

A Rimini ci sono più di tremila negozi, quindi non avrai difficoltà a trovare souvenir, regali, cartoline ecc.

guidi
ARTICOLI DA REGALO
TUTTO PER LA CASA - LISTE NOZZE
C. D'AUGUSTO, 79 - TEL. (0541) 25927

Profumeria **massari**
VIA GARIBALDI, 78
TEL. (0541) 24163
STEMMA D'ORO

Due volte alla settimana in Piazza Malatesta c'è il mercato.

I grandi magazzini del centro sono due: **Coin** in Corso d'Augusto, 59, e **La Standa** in Corso d'Augusto, 131. **La Standa** si trova anche al mare, in Viale Vespucci, 131.

CITTÀ Calendario dei mercati
Lunedì - **Viserba** - Via Barani
Martedì - **Miramare** - Via Marconi
Mercoledì - **Rimini** - Piazza Malatesta
Giovedì - **Bellariva** - Lungomare
Sabato - **Rimini** - Piazza Malatesta
Domenica - **Torre Pedrera** - Stazione

6ª Unità

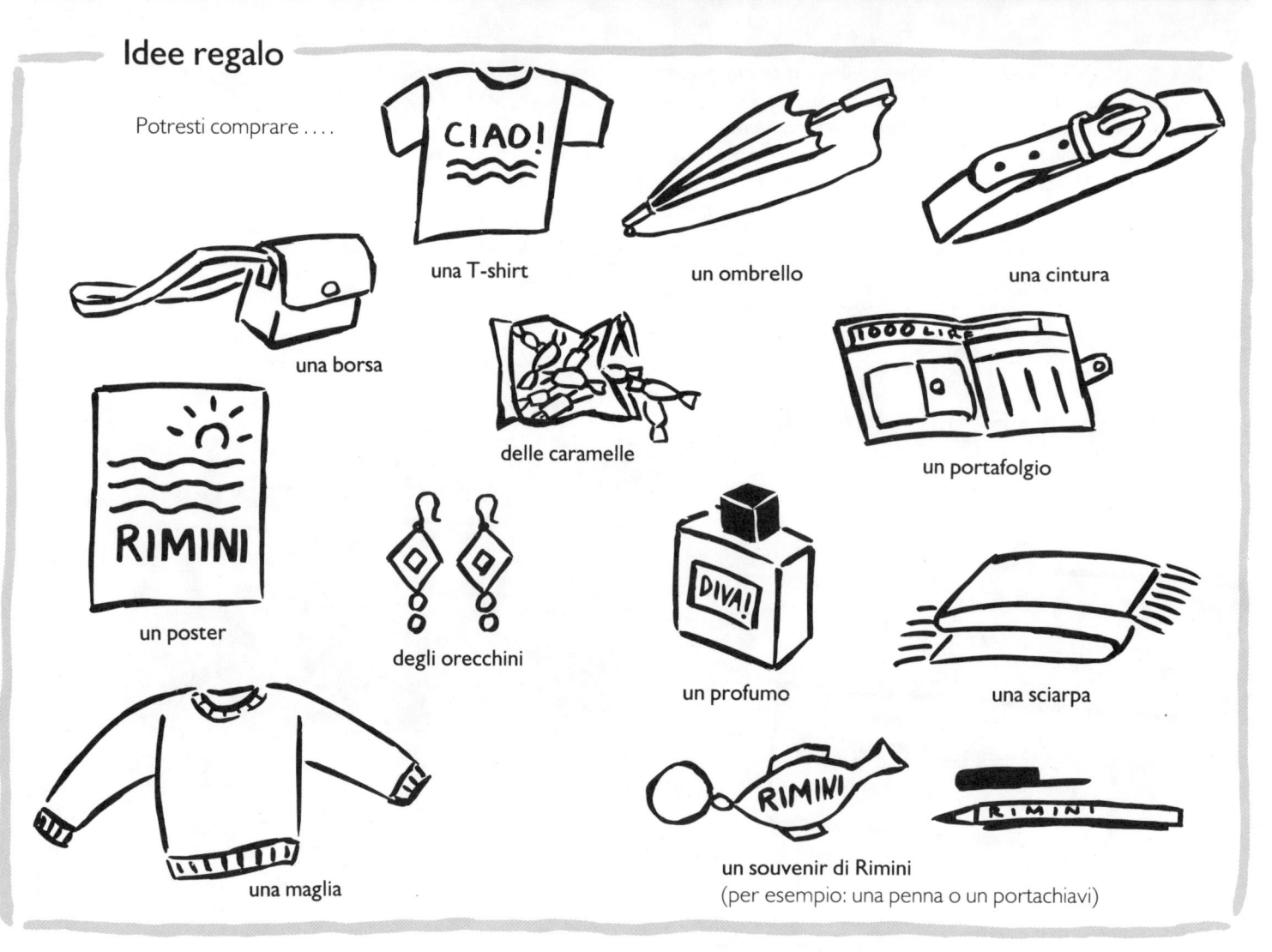

Idee regalo

Potresti comprare....

- una borsa
- una T-shirt
- un ombrello
- una cintura
- delle caramelle
- un portafolgio
- un poster
- degli orecchini
- un profumo
- una sciarpa
- una maglia
- un souvenir di Rimini (per esempio: una penna o un portachiavi)

Se c'è qualcos' altro che vuoi comprare, chiedilo al tuo professore / alla tua professoressa, così:
"Professore, come si dice 'a record' in italiano?"

Sto cercando un regalo

Ascolta queste persone che cercano regali per la loro famiglia ed i loro amici. Che cosa trovano per ciascuno?

Queste frasi ti aiuteranno:

Sto cercando qualcosa per mia madre.
I'm looking for something for my Mum.

Sto cercando un regalo per mio fratello.
I'm looking for a present for my brother.

Sto cercando un regalo per un'amica.
I'm looking for a present for a friend.

Sto solo dando un'occhiata.
I'm just looking.

6ª Unità

Che cosa gli posso comprare?

Leggi questi dialoghi con un(a) partner.

Explain that you are looking for something for your father. Ask how much the belts cost.

Explain that you are looking for a present for a friend. Ask how much the tee-shirts cost.

Explain that you are looking for a present for your grandmother. Ask how much the sweets cost.

Ora, provate a recitare i dialoghi per una seconda volta. Il/La turista non deve guardare il libro.

Dialogo 1

Venditore : Buongiorno, mi dica.
Turista : Buongiorno. Sto cercando qualcosa per mio padre.
Venditore : Un portafoglio? Una cintura?
Turista : Quanto costano le cinture?
Venditore : Queste costano 24.000 lire.

Dialogo 2

Venditore : Buongiorno. Desidera?
Turista : Buongiorno. Sto cercando un regalo per un'amica.
Venditore : Ho capito. Una T-shirt? Una sciarpa? Degli orecchini?
Turista : Quanto vengono le T-shirt?
Venditore : Queste vengono diciannovemilanovecento lire.

Dialogo 3

Commessa : Buonasera.
Turista : Buonasera. Scusi, sto cercando un regalo per mia nonna.
Commessa : Sì … abbiamo del profumo, delle caramelle, dei souvenir …
Turista : Quanto costano le caramelle, per favore?
Commessa : Queste costano duemila lire l'etto.

Di che colore?

Al mercato trovi maglie e sciarpe di tutti i colori.

I COLORI

nero/nera	black
bianco/bianca	white
rosso/rossa	red
giallo/gialla	yellow
azzurro/azzurra	blue
grigio/grigia	grey
verde	green
blu *(never changes)*	navy
marrone *(never changes)*	brown

Se vuoi sapere il nome di altri colori in italiano, chiedilo alla tua professoressa/al tuo professore, così:

"Professoressa, come si dice 'pink' in italiano?"

- Qual è il tuo colore preferito?
- Qual è il colore che ti piace di meno?
- Scrivi i nomi dei cinque colori che ti piacciono di più, in ordine di preferenza.
- Sono uguali a quelli del tuo/della tua partner?
- Ora, guarda a pagina 58 per sapere qual è il tuo carattere.

6ª Unità

I colori e la personalità

Qual è il tuo colore preferito?
Trova qui sotto il colore che ti piace di più.
Il colore riflette il tuo carattere?

NERO
Sei una persona seria ed anche severa. Di natura sei pessimista ma sei molto generoso.

BIANCO
Hai un carattere ottimista e sei ben organizzato. Sei tendenzialmente un solitario.

ROSSO
Sei una persona gentile, simpatica e amichevole. Sei anche economo e accumulatore.

GIALLO
Sei una persona indipendente. Ti piace la vita attiva e dinamica ma spesso sei un po' irritabile.

AZZURRO
Di natura molto calmo, sei una persona affetuosa e romantica. Sei intelligente e originale.

GRIGIO
Sei un ottimo amico e confidente. Per te il successo è molto importante. Sei pieno di inventiva.

VERDE
Qualche volta sei un po' egoista ma hai il senso dell'umorismo. Ami i viaggi e l'avventura.

BLU
Hai un carattere un po' autoritario, ma sei anche un po' insicuro. Sai essere elegante anche con poco.

MARRONE
Sei abbastanza ambizioso. Ti piace dominare sia al lavoro che a casa. Hai anche una bella vena creativa.

Al mercato

Hai ancora tre regali da comprare quando arrivi a queste due bancarelle. Che cosa compri e di che colore?

Lavora con un(a) partner. Inventate un dialogo per ciascuno degli articoli che volete comprare, così:

A Buongiorno.
B Buongiorno. Vorrei una cintura, per favore.
A Sì. Di che colore?
B Marrone.
A Dunque... una cintura marrone?
B Sì.

Chi comincia?

Comincio io. Va bene?

6ª Unità

Com' è?

Molte volte la commessa o il venditore ti chiederà

'**Com' è?**'   o   '**Le piace?**'   '**Le piacciono?**'.

Se l'articolo ti piace, puoi rispondere così:

Sì, mi piace. È molto carino.
Yes, I like it. It's very sweet.

Sì, mi piace. È molto bella.
Yes, I like it. It looks really nice.

Sì, mi piacciono. Sono molto buone.
Yes, I like them. They taste really good.

Sì, mi piace. È molto buono.
Yes, I like it. It smells really nice.

Se l'articolo non ti va bene, puoi rispondere così:

(No), mi dispiace. È un po' caro.
(No), I'm sorry, it's a bit expensive.

(No), mi dispiace. Sono troppo care.
(No), I'm sorry, they're too expensive.

(No), mi dispiace, sono troppo grandi.
(No), I'm sorry, they're too big.

(No), mi dispiace, è un po' piccolo.
(No), I'm sorry, it's a bit small.

(No), mi dispiace, è troppo piccola.
(No), I'm sorry, it's too small.

Se l'articolo non ti piace, puoi rispondere così:
(No), mi dispiace. Non mi piace. No, I'm sorry, I don't like it.
(No), mi dispiace. Non mi piacciono. No, I'm sorry, I don't like them.

L 18.000
È un po' caro.

L 34.000
È molto caro.

L 50.000
È troppo caro.

Questo è per te

🎧 Ascolta queste persone che aprono i loro regali.
Che cosa hanno ricevuto?
Che cosa pensano del regalo?

Esempio:

~ souvenir
~ sounds pleased, thinks it's sweet

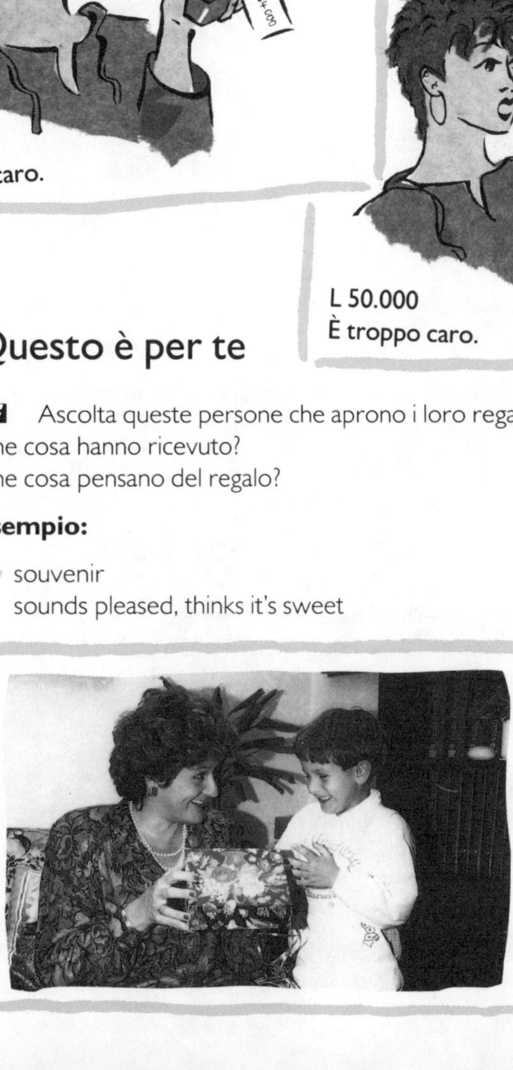

59

6ª Unità

Come rispondono queste persone?

Per ogni disegno trova una risposta adatta.

A Sì. Mi piacciono. Sono molto carini.

B No. Mi dispiace. È troppo cara.

C No. Mi dispiace. È troppo grande.

D No. Mi dispiace. È troppo piccola.

E Sì. Mi piacciono. Sono molto buone!

F Sì. Mi piace. È molto bello.

Lavora con un(a) partner.
Scegliete due delle situazioni qui sopra ed inventate un dialogo per ciascuna.

No, mi dispiace, è troppo caro

Ascolta questi quattro turisti che cercano regali da portare a casa. Quali articoli guardano? Che cosa ne pensano?

Ascolta una seconda volta.
- Una turista ha trovato la venditore molto gentile.
- Una turista ha trovato la venditore troppo insistente.
- Un venditore ha trovato il turista proprio indeciso.
- Un venditore ha trovato il turista secco e brusco.

Riconosci queste persone nelle conversazioni?

Lo prendo

Quando trovi il regalo giusto, nel colore giusto, devi spiegare che lo vuoi comprare.

1. Allora, Le piace il profumo?
   Sì. Lo prendo. 
   Well, do you like the perfume? — *Yes, I'll take it.*

2. È molto bella questa borsa. 
   Sì. La prendo.
   This bag looks really smart. — *Yes, I'll take it.*

3. Le piacciono gli orecchini? 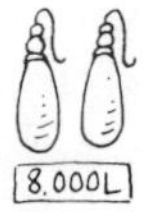
   Sì, molto. Li prendo.
   Do you like the earrings? — *Yes, very much. I'll take them.*

4. Prende le caramelle, allora? 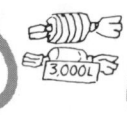
   No, grazie. Non le prendo. Sono un po' care.
   Do you want the sweets, then? — *No thank you. I won't take them. They're a bit expensive.*

Lavora con un(a) partner e leggete questo dialogo insieme.

A Buongiorno. Mi dica!
B Buongiorno. Sto cercando qualcosa per mia madre.
A Sì. Abbiamo dei souvenir, del profumo, delle caramelle ...
B Quanto costa il profumo?
A Venticinquemila lire.
   (*Qualche momento più tardi*)
   Allora, Le piace il profumo?
B Sì. Lo prendo. Grazie.

Adesso, inventate un dialogo per gli altri articoli qui sopra.

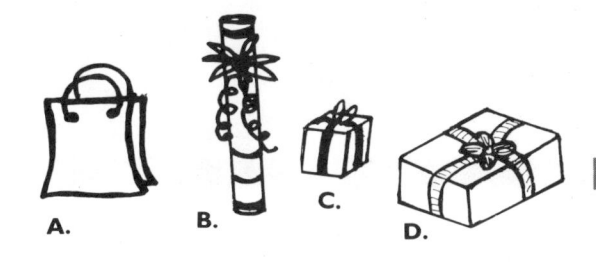

6ª Unità

A. B. C. D.

Una confezione regalo

In molti negozi vendono sacchetti, buste, tubi e scatole come confezione regalo.
Che cosa metteresti in queste confezioni qui sopra?

Esempio:
A. In questa confezione metterei una sciarpa.

Profumi, orecchini, ombrelli

Nelle boutique e nei grandi magazzini, puoi chiedere una confezione regalo, così:

Mi può fare una confezione regalo?

Certo.

Mi può fare una confezione regalo?
Could you gift-wrap it for me?

1.

Commessa:	Buonasera.
You:	*(Say hello and explain that you are looking for a present for a friend.)*
Commessa:	Dunque … abbiamo del profumo, degli orecchini, degli ombrelli …
You:	*(Ask how much the umbrellas cost.)*

2.

Commessa:	Questi costano sedicimila lire.
You:	*(Say that they're a bit expensive but they look really nice.)*
Commessa:	Che colore preferisce?
You:	*(Say you like the green and blue umbrella.)*
Commessa:	Le piace questo?
You:	*(Say, yes, you like it very much, you'll take it.)*
Commessa:	Va bene.

3.

You:	*(Ask her if she'll gift-wrap it for you.)*
Commessa:	Certo, … Allora, sedicimila lire.
You:	*(Say 'Here you are' as you hand over the money and thank her.)*

Ora, fate un altro dialogo cambiando

- l'articolo
- il prezzo
- le opinioni
- i colori.

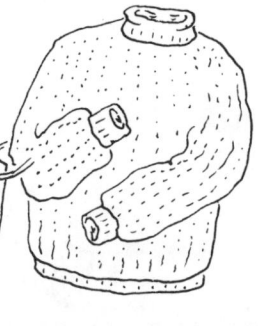

£35.000
verde, azzurro, rosso, blu, giallo, rosa, bianco, grigio

6ª Unità

Adesso, tocca a te!

1.
Che cosa compreresti come regalo per ...?
- tuo padre
- tua madre
- tuo fratello
- tua sorella
- un amico di 15 anni
- un'amica di 13 anni

Scrivi due idee per ciascuno.

> **Esempio:**
> mio padre:
> un portafoglio o delle caramelle

2.
Vorresti comprare tre degli articoli qui sotto.
Devi spiegare il colore che cerchi.

> **Esempio:**
> Turista: Buongiorno, vorrei una sciarpa.
> Venditore: Sì, di che colore?
> Turista: Verde.
> Venditore: Una sciarpa verde ... vediamo.

Lavora con un(a) partner e fate a turno la parte del(la) turista e quella del venditore.

3.
La commessa ti fa vedere questi articoli. Che cosa ne pensi?

> **Esempio:**
> Venditore: Allora, Le piace la cintura?
> Tu: Sì, ma è troppo cara.

Con un(a) partner, lavorate a turno.

4.
Completate questo dialogo per gli articoli qui sotto.
Scambiatevi i ruoli quando fate il dialogo per la seconda volta.

A Buongiorno.
B _____
A Un regalo per un amico ... vediamo. Abbiamo dei portafogli, delle cinture, degli ombrelli ...
B _____
A 28.000 lire. Che colore voleva?
B _____
A Ecco. Le piace?
B _____
A Benissimo.
B _____
A Certo. Va bene una confezione come questa?
B _____

6ª Unità

Ora sai

Now you know

how to say that you want to buy a present for someone	Sto cercando un regalo per mia madre. Sto cercando qualcosa per un amico. Sto cercando degli orecchini per un'amica.
the names of some articles you could buy as presents	una T-shirt una borsa un ombrello una cintura un portafoglio delle caramelle un poster una maglia un souvenir degli orecchini un profumo una sciarpa
how to understand and reply to questions about colour	Di che colore? Mi piace il portafoglio nero. Preferisco la maglia nera. Ti piacciono questi orecchini neri? Non mi piacciono le cinture nere. bianco azzurro rosso grigio verde blu marrone giallo
how to comment on different items	È molto carino. È molto bella. Sono buone. È un po' caro. È troppo piccolo. È un po' grande. Mi dispiace. Non mi piace.
how to say you would like to buy something	Va bene, lo prendo. Mi piace questa borsa; la prendo. Sono molto belli; li prendo. Sono buonissime queste caramelle; le prendo.
how to ask to have something gift-wrapped	Mi può fare una confezione regalo?

7ª Unità
COME STAI?

*You'll need to know what to do in case you don't feel well while you're in Italy. If the problem isn't bad enough to see a doctor, you should get good advice at the **farmacia**. The chemist will be able to suggest a suitable remedy and you won't have to pay in order to get advice.*

*Many **farmacie** only sell medicines. For toothpaste, shampoo, soap, tampons, deodorant, talc, etc., Italians usually go to a **supermercato, drogheria** or department stores like **Standa, Coin** or **Upim**.*

In this unit, you will learn how to say what's wrong if you're not feeling well, how to ask other people what's wrong, how to understand other people talking about their ailments and how to buy useful remedies.

> Ahi! Una zanzara!

> Accidenti! Mi sono scottato al sole.

> Ho mal di stomaco.

7ª Unità

I simboli in farmacia

Molti turisti passano le vacanze in Italia. A Rimini ci sono molti turisti che non parlano italiano. In questa farmacia ci sono dei simboli. I turisti possono indicare un simbolo per spiegare che cosa non va.

Ecco i simboli. Sono chiari?

1. Mi sono tagliato.
2. Ho la diarrea.
3. Mi sono scottato.
4. Ho preso un raffreddore.
5. Mi sono scottato al sole.
6. Ho la febbre.
7. Ho una puntura di zanzara.
8. Ho la tosse.

Puoi disegnare tu dei simboli migliori? Scegli tre simboli che non sono chiari. Disegna tre simboli migliori nel tuo quaderno. Il tuo partner o la tua partner può capire i tuoi nuovi simboli?

Esempio:

A: Ecco i miei simboli. Sono chiari?
B: Sì. Questo vuol dire 'ho la tosse', questo vuol dire 'ho una puntura di zanzara' e questo vuol dire 'ho la febbre'. Giusto?
A: Sì, bravo. Adesso tocca a me.

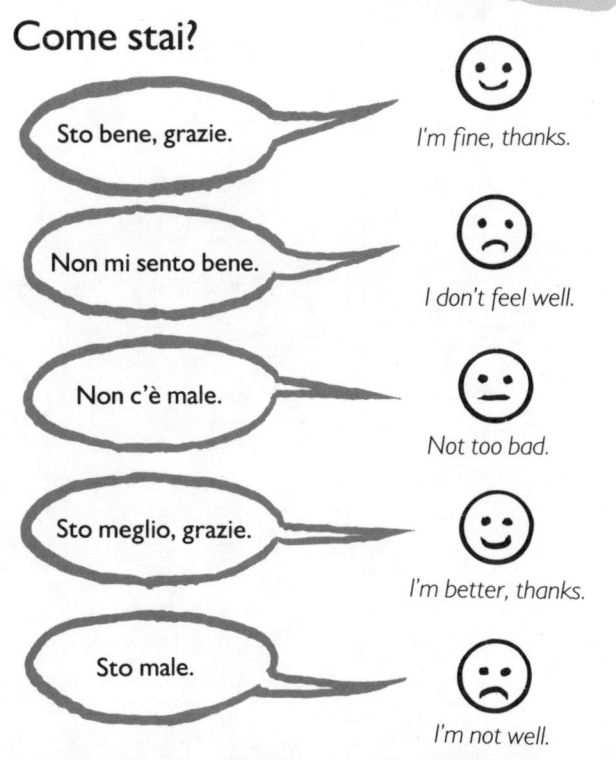

Come stai?

Sto bene, grazie. — *I'm fine, thanks.*

Non mi sento bene. — *I don't feel well.*

Non c'è male. — *Not too bad.*

Sto meglio, grazie. — *I'm better, thanks.*

Sto male. — *I'm not well.*

7ª Unità

Cosa dicono?

Ecco degli italiani. Cosa dicono queste persone?
Lavora con un(a) partner. Quando il tuo/la tua partner parla, indica il disegno giusto.

Esempio:

A: Come stai?
B: Sto male.
A: Numero 3 (indica il disegno).

Che cos' hai?

Ho preso un raffreddore.
Che cos' hai?
Mi dispiace!

Puoi spiegare al tuo amico italiano o alla tua amica italiana che cos' hai?

Esempio:

A: Come stai?
B: Sto male!
A: Che cos' hai?
B: Ho la tosse.
A: Mi dispiace!

Quanti dialoghi puoi inventare con un(a) partner?
Quando sai che cos' ha, indica il simbolo giusto.

7ª Unità

Farmacie di turno

FARMACIE DI TURNO

Rimini
Diurno ○ 8.30 △ 21.30
Vallesi ☞ C.so d'Augusto, 44
Miramare ☞ Via Oliveti, 78
Notturno ○ 21.30 △ 8.30
Ospedale ☞ C.so d'Augusto, 160
Kursaal ☞ Viale Vespucci, 12

Riccione
Notturno e festivo
Comunale 3 ☞ Viale Dante, 145
☎ 40729

Bellaria-Igea Marina
Diurno notturno e festivo
Tonini ☞ Via Panzini, 114 Bellaria ☎ 44227

Cattolica
Diurno notturno e festivo
Ballotta ☞ Pizza Mercato ☎ 961444

You may need to go to a chemist's in a hurry. How well would you cope in an emergency?
If you can answer all these questions you will be able to cope well.

1. Can you work out what **diurno, notturno** and **festivo** mean?
2. You are staying in Rimini. Your friend has got bad sunburn and you decide to seek the advice of a chemist. It's the morning. Where could you go?
3. Your friend is feeling sick. It's Sunday but you decide to see if there is a chemist's which is open. Are there any local chemist's which you could go to? Write down their names.
4. You don't know where the **Farmacia Tonini** is exactly. Which street would you look up on the map?

Il mostro di Frankenstein

Ti piacciono i film dell' orrore? Ecco il mostro di Frankenstein. Puoi disegnare anche tu un mostro orribile?

A. la testa
B. i denti
C. la gola
D. la mano
E. il braccio
F. lo stomaco
G. la gamba
H. il piede

Un giorno il mostro va dal suo maestro, Frankenstein. Povero mostro, sta male.

📼 Ascolta la conversazione. Scrivi le lettere di tutte le parti del corpo che gli fanno male.

Esempio:
1. G

Sono tutte scuse!

Qualche volta le scuse sono utili!

The list below shows you how to say that parts of your body hurt or ache.

Mi fa male...	**Mi fanno male...**
il braccio	le braccia
la mano	le mani
la gamba	le gambe
il piede	i piedi

Ora hai delle scuse per quando il tuo professore o la tua professoressa d'italiano ti chiede qualcosa!

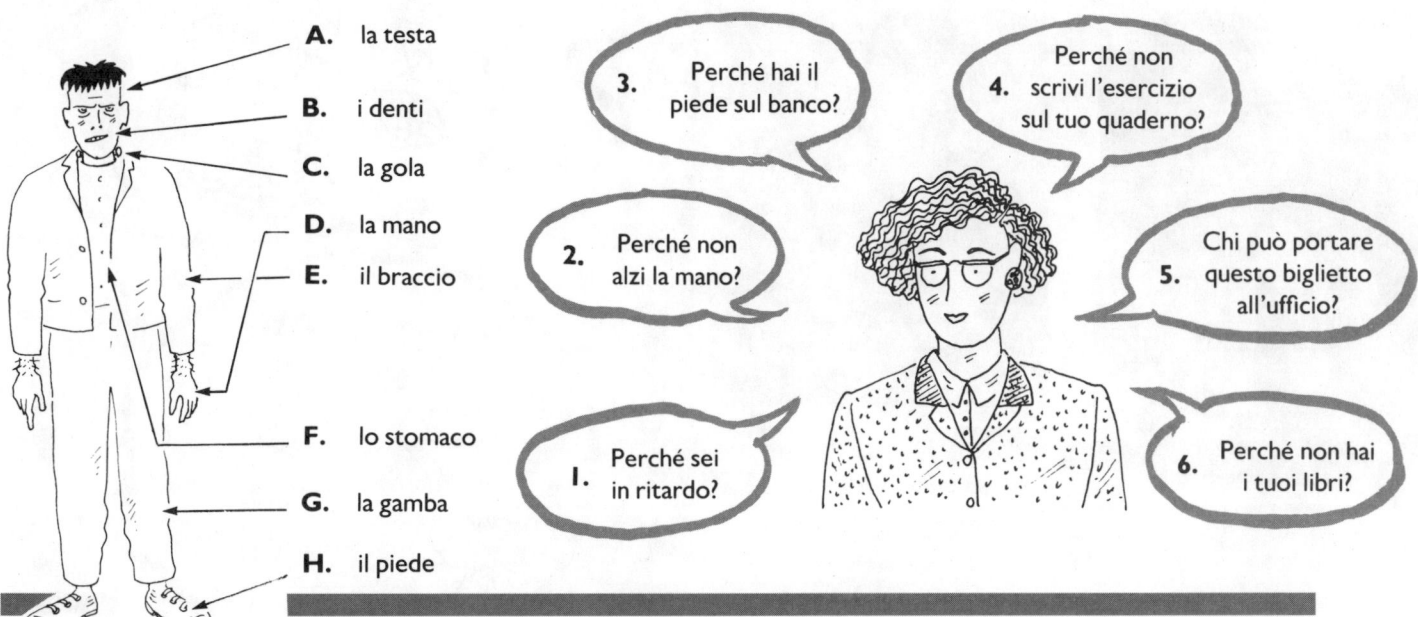

1. Perché sei in ritardo?
2. Perché non alzi la mano?
3. Perché hai il piede sul banco?
4. Perché non scrivi l'esercizio sul tuo quaderno?
5. Chi può portare questo biglietto all'ufficio?
6. Perché non hai i tuoi libri?

7ª Unità

Chi ha mal di denti?

- Ho mal di stomaco.
- Ho mal di testa.
- Ho mal di gola.
- Ho mal di denti.

Completa queste frasi.

1. _____ ha mal di denti.
2. _____ ha mal di stomaco.
3. _____ ha mal di gola.
4. _____ ha mal di testa.

Questi ragazzi italiani stanno male. Secondo te, che cos' hanno?

Mariella

Filippo

Silvia

Giovanni

Ora ascolta la cassetta. Hai ragione?

Mi dispiace, non posso!

Ricordi come rifiutare un invito?
Ora puoi dare anche una buona scusa.
Inventa dei dialoghi con il tuo o la tua partner.

Esempio:

A: Ciao.
B: Ciao. Ti piacerebbe andare in discoteca?
A: Mi dispiace, non posso. Ho mal di testa.
B: Peccato. A domani, allora.

7ª Unità

La cassetta del pronto soccorso

Hai trovato questa pagina in una rivista italiana.

I giovani in vacanza

Questa settimana, tutto quello che bisogna sapere per mettere insieme la vostra cassetta del pronto soccorso.

Per le escursioni in campagna, ed anche per le vostre vacanze estive ed invernali, è indispensabile avere una cassetta del pronto soccorso.
Che cosa mettere nella cassetta? Ecco la nostra lista delle medicine più utili:

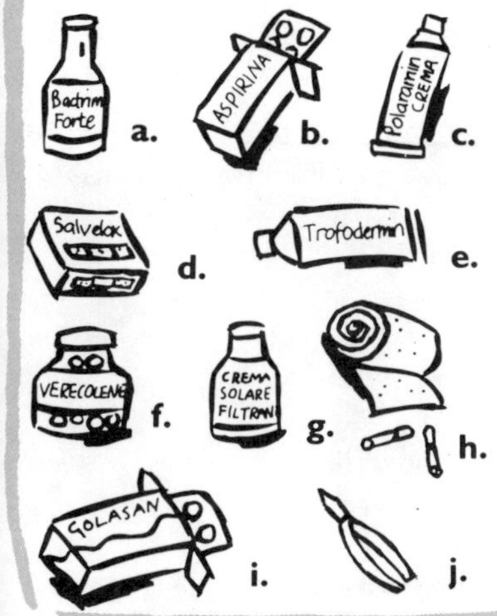

a. uno sciroppo per la tosse
b. delle aspirine
c. una pomata per punture d'insetti
d. dei cerotti
e. della crema antisettica
f. delle compresse lassative
g. della crema solare
h. una benda (con spille di sicurezza)
i. delle pastiglie per la gola
j. delle pinzette

Quali medicine porteresti con te ...

1. per un picnic?
2. per una vacanza in montagna?
3. per una vacanza in campeggio?
4. per una giornata in spiaggia?

Scrivi una lista.

Tu e il tuo/la tua partner dovete decidere insieme una sola lista di rimedi per un picnic.

Per dare il tuo punto di vista, ecco delle espressioni utili:

Non sono d'accordo!

È indispensabile portare ...

È necessario portare anche ...

Non è necessario portare ...

Per una scottatura solare, è necessario portare ...

Quando siete d'accordo, scrivete la vostra lista.
Se c'è tempo, fate la stessa cosa per una vacanza in montagna, per una vacanza in campeggio e per una giornata in spiaggia.

Per un picnic, non è necessario portare della crema solare.

Non sono d'accordo. È necessario per una scottatura solare.

Al Pronto Soccorso

Durante le tue vacanze in montagna, devi andare al Pronto Soccorso per chiedere qualche rimedio. Che cosa ti dà l'infermiera?
Inventa dei dialoghi con il tuo o la tua partner.

Esempio:

A Scusi, signora, ha qualcosa per la tosse?

B Certo, ecco dello sciroppo.

A Grazie.

il mal di testa	un lassativo
il mal di gola	una crema solare
il mal di stomaco	una pomata
una scottatura (al sole)	dello sciroppo
la tosse	delle compresse
un raffreddore	dei cerotti
la stitichezza	delle pastiglie
la febbre	dell'aspirina

7ª Unità

FARMACIA

Matilde la Farmacista

Dal farmacista

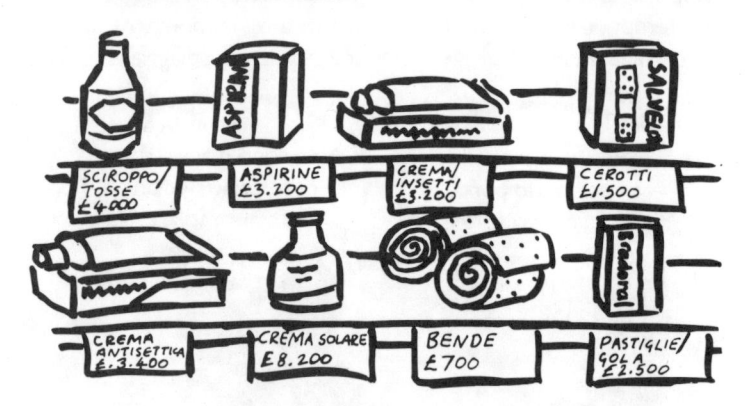

SCIROPPO TOSSE £4.000
ASPIRINE £3.200
CREMA INSETTI £5.200
CEROTTI £1.500
CREMA ANTISETTICA £3.400
CREMA SOLARE £8.200
BENDE £700
PASTIGLIE GOLA £2.500

Adesso sai spiegare che cosa non va e conosci i nomi delle medicine più comuni. Se qualcuno non sta bene durante le vacanze in Italia, sarai capace di aiutarlo.

Leggi questo dialogo con un(a) partner:

> A: Buongiorno.
> B: Buongiorno. Senta, ha qualcosa per il mal di testa, per favore?
> A: Ho dell'aspirina.
> B: Benissimo. Prendo un pacchetto.
> A: Grande o piccolo?
> B: Grande. Quant' è?
> A: Tremiladuecento lire.
> B: Ecco. Grazie.
> A: Grazie a Lei. Arrivederci.
> B: Arrivederci.

Sei capace di aiutare queste persone?
Lavora con un(a) partner. Inventate una conversazione per le situazioni qui sotto, scambiandovi i ruoli.

1.
2.
3.
4.

Quando Matilde fa la farmacista una cosa simile non s' è mai vista!

Lucia: "Dottoressa Matilde, Farmacia Nuova, aperta 24 ore su 24 tutti i giorni compresi i festivi." Andiamo a vedere?
Beppe: Buongiorno, dottoressa Matilde.
Matilde: Ahiahiahiahiahiiiii!!!!
Beppe: Ma che c'è, dottoressa?
Lucia: C'è una zanzara.
Matilde: Ahi, mi ha punto!
Beppe: Lei è farmacista, perché non prende qualcosa?
Lucia: Buona idea!
Matilde: Sì, buona idea! Questo sciroppo è buono.
Lucia: Ma scusi, dottoressa Matilde, lo sciroppo ... non è per il mal di gola?
Matilde: Giusto, per il mal di gola.
Beppe: Ma Lei ha una puntura di zanzara.
Matilde: E allora?
Lucia: Allora, perché prende questo sciroppo?
Matilde: Perché ha un sapore delizioso. Mmmm ... Squisito! Perfetto!
Beppe: Lucia?
Lucia: Sì, Beppe?
Beppe: Secondo te, questa farmacista è matta o non è matta?
Lucia: È matta.
Matilde: Signora, signore, cosa desiderano?
Lucia: Ho un raffreddore. Accciò! Vorrei qualcosa ...
Matilde: Bene, ecco dei cerotti.
Beppe: Dei cerotti? Per un raffreddore?
Matilde: Certo, signore!
Lucia: Ma non ha qualcosa ...
Matilde: Ancora un pacchetto? Ecco!
Lucia: No, no!
Matilde: Tre pacchetti? Subito! È tutto?
Lucia: Ma ... accciò! Io non voglio cerotti!
Beppe: Lucia non vuole cerotti.
Matilde: Non vuole cerotti? Ah capisco! Una crema antisettica! Va bene, signora.
Lucia: Ma no! Ho un raffreddore!
Beppe: Lucia ha un raffreddore.
Matilde: Un raffreddore? Mi dispiace! Lei forse dovrebbe telefonare al dottore.
Lucia: Questo è il colmo! Io me ne vado! Lei è completamente matta.
Beppe: Anch'io, me ne vado. ArrivederLa, dottoressa.
Matilde: ArrivederLa, signore ... Che gente strana!

FINE

Adesso, tocca a te!

Puoi dimostrare che sai spiegare che cos' hai e che sai comprare un rimedio?

1. Alla farmacia

Lavora con un(a) partner. Inventate dei dialoghi basati sui simboli qui sotto.

A fa la parte del/della farmacista.
B fa la parte del cliente.
Poi scambiatevi i ruoli.

Esempio:

Cliente	Buongiorno.
Farmacista	Buongiorno, posso aiutarLa?
Cliente	Avete qualcosa per il mal di testa?
Farmacista	Sì, ecco delle aspirine.
Cliente	Quanto costano?
Farmacista	Quattromilanovecentocinquanta lire.
Cliente	Ecco.
Farmacista	Grazie. ArrivederLa.

A. + L.4.250
B. + L.5.100
C. + L.3.800
D. + L.5.150

2. Cosa dicono?

Ascolta le conversazioni dei clienti nella farmacia. Disegna dei simboli per mostrare che cos' hanno, cosa comprano e quanto pagano. Ci sono cinque conversazioni.

Esempio:

L.3.200

3. Una reclame

- Cos'hai, Anna?
- Ho mal di gola.
- Ecco la farmacia. Andiamo!
- Vorrei qualcosa per il mal di gola.
- Questo sciroppo è buono.
- Lo prendo, grazie.
- Mmmm, ha un sapore gradevole.
- Come stai, Anna?
- Sto meglio... grazie a GOLASAN! Andiamo in spiaggia?

Ecco una reclame dello sciroppo GOLASAN. Certamente voi potete fare qualcosa di meglio! Una scena per la TV o per la radio, forse? Se possibile, registratela.

7ª Unità

7ª Unità

Ora sai
Now you know

how to ask someone you address by their first name how he or she is	Come stai?
how to say you are feeling ill	Sto male. Non mi sento bene.
how to ask someone what's wrong	Cos' hai?

how to say what is wrong	Ho la febbre.
	    la tosse.
	    la diarrea.
	    una scottatura (solare).
	    la stitichezza.
	    una puntura di zanzara.
	    preso un raffreddore.
	
	Mi sono tagliato.
	
	Mi sono scottato.

how to say what hurts or aches	Ho mal di testa.
	    gola.
	    denti.
	    stomaco.
	
	Mi fa male la mano. Mi fanno male le mani.
	    il piede. i piedi.
	    il braccio. le braccia.
	    la gamba. le gambe.

how to ask for remedies	Avete qualcosa per il mal di testa?
	    Ha qualcosa per le punture di insetti?
	                         la diarrea?
	
	Avete una pomata?
	    Ha una crema antisettica?
	        delle compresse?
	        dello sciroppo?
	        dei cerotti?
	        una benda?
	        delle pastiglie?
	        della crema solare?

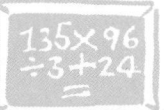

8ª Unità
LA SCUOLA

Schools in Italy are different in many ways from schools in other countries. Italians find it very strange that in some countries school does not finish till 3.30 or 4.00 in the afternoon. So your Italian penfriend will be curious to find out what your school is like. It can be fun to exchange letters or cassettes about school. You could exchange timetables too. Your penfriend will probably be envious of some aspects of your school life, but you'll probably feel the same way about some aspects of school life in Italy.

In this unit, you will learn how to say what school and class you're in, and talk about your timetable and your favourite or least favourite lessons. You'll find out some of the ways Italian schools are different from ours, and you'll be able to understand Italians talking about their schools.

La scuola in Italia

Ci sono molti tipi di scuola in Italia.

Per ragazzi dai 14 ai 19 anni

Per ragazzi dagli 11 ai 14 anni

Per ragazzi dai 14 ai 19 anni

Per bambini dai 6 agli 11 anni

Per ragazzi dai 14 ai 18 anni

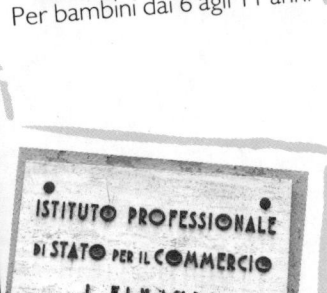

Per bambini dai 3 ai 6 anni

8ª Unità

Che scuola frequenti?

🔊 Il nostro reporter e il suo fotografo hanno chiesto a questi ragazzi italiani che cosa pensano della scuola. Ascolta le interviste.
Puoi indovinare chi parla?

Cristina, 5 anni

Mario, 9 anni

Gianfranco, 13 anni

Manuela, 17 anni

Il sistema scolastico italiano

Età	Classe	Tipo di scuola
19+		Università
18-19	quinta (5ª)	istituto professionale / istituto tecnico / liceo scientifico / liceo linguistico / liceo artistico / istituto magistrale / liceo classico — liceo (3ª)
17-18	quarta (4ª)	(2ª)
16-17	terza (3ª)	(1ª)
15-16	seconda (2ª)	(5ª) ginnasio
14-15	prima (1ª)	(4ª)
13-14	terza (3ª)	scuola media
12-13	seconda (2ª)	scuola media
11-12	prima (1ª)	scuola media
10-11	quinta (5ª)	scuola elementare
9-10	quarta (4ª)	scuola elementare
8-9	terza (3ª)	scuola elementare
7-8	seconda (2ª)	scuola elementare
6-7	prima (1ª)	scuola elementare
3-6		scuola materna/l'asilo

Esempio:

1. Gianfranco

8ª Unità

Capisci bene il sistema scolastico in Italia? Vediamo!
Guarda bene la scheda del sistema scolastico italiano. Puoi indovinare i dettagli che mancano su questi ragazzi?

Nome Carlo
Età 7 anni
Scuola ....
Classe 2ª

1.

Nome Patrizia Pisano
Età 12 anni
Scuola ....
Classe ....

4.

Nome Annalisa di Francesco
Età 16 anni
Scuola Liceo Linguistico
Classe ....

2.

Nome Angelo Rosignoli
Età ....
Scuola Istituto Professionale
Classe ....

5.

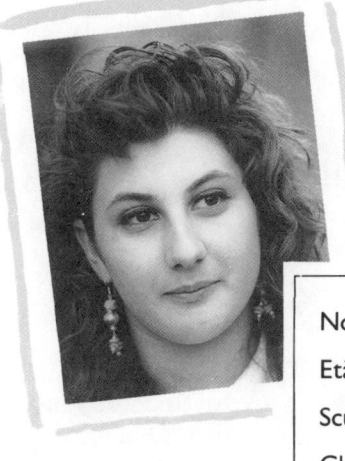

Nome Mauro
Età ....
Scuola Materna
Classe 1ª

3.

Nome Simona Mignone
Età ....
Scuola ....
Classe 5ª

6.

Soluzione a pagina 76

8ª Unità

Soluzione

Per sapere se hai indovinato bene, leggi le lettere che i ragazzi hanno scritto:

A
Mi chiamo Mauro ho 4 anni

B
Mi chiamo Carlo. Ho sette anni. Frequento la scuola elementare e faccio la seconda.

C
Ciao Richard!
Posso presentarmi? Mi chiamo Anna Lisa Di Francesco. Frequento il liceo linguistico Carducci, sono al terzo anno. La mia professoressa d'inglese mi ha dato il suo indirizzo.

D
Cara Tracy,
tante grazie per la tua lettera. Scrivi molto bene in italiano! Anch'io ho 12 anni. Frequento la scuola media, sono in prima.
Mi piace molto la scuola, e a te?

E
Rimini, 2 aprile
Cara Louise
ho visto il tuo annuncio in "Così". Sono anch'io una ragazza di 18 anni e mi piace molto la musica. Adesso mi presento. Il mio nome è Simona Mignone. Frequento il liceo scientifico. Faccio il quinto anno e studio inglese da 7 anni. Spero di andare all'università l'anno prossimo.

F
Caro Stephen,
Ho ricevuto sei le tue lettere. Sono molto contento di avere un corrispondente inglese. Mi chiamo Angelo Rosignoli, ho quindici anni e frequento il secondo anno dell'istituto professionale.

Che classe fai?

🎧 Il nostro reporter ha fatto delle interviste. Puoi scrivere il nome, la scuola, la classe e l'età di ogni ragazzo?

Il reporter ha fatto queste domande:

Che scuola frequenti?	What school do you go to?
Che classe fai?	Which year are you in?

Ecco alcune risposte:

Frequento il liceo scientifico.	I go to an upper school which specialises in science subjects.
Frequento la scuola media.	I go to middle school.
la scuola elementare.	I go to primary school.
la scuola materna.	I go to nursery school.
l'istituto tecnico.	I go to a technical school.
Faccio la terza.	I'm in the 3rd year.
Frequento il quinto anno./ Sono al quinto anno.	I'm in the 5th year.

8ª Unità

Scrivimi presto!

> — 2 —
> un piccolo giardino. Mi piacciono moltissimo gli animali. Abbiamo un gatto che si chiama Leti, ma mi piacerebbe avere anche un cane.
> Frequento il liceo classico a Rimini e sono al secondo anno. Mi piace molto la scuola, soprattutto l'inglese! E tu che scuola frequenti? Che classe fai? Ti piace la scuola? Ti piace l'italiano?
> Scrivimi presto e se possibile mandami una tua foto o dei tuoi amici e anche della tua scuola!
> Ciao e a presto!
> Michela

Michela, una ragazza italiana, ha scritto questa lettera alla sua corrispondente. Ora, scrivi tu una cartolina al tuo corrispondente italiano/alla tua corrispondente italiana, parlando della tua scuola.

> Hull, 5 febbraio
>
> Cara Michela,
> Grazie della tua lettera.
> Frequento
>
> Gent.ma Sig.na M. Bianchi,
> Via P. Tosi, 84,
> 47037 RIMINI,
> ITALY

Scusa, come ti chiami?

Ecco gli zainetti di alcuni ragazzi.
Come rispondono al nostro reporter?
Inventa dei dialoghi con il tuo o la tua partner.

Esempio:

A: Sono io il reporter, va bene?
B: D'accordo. Zainetto numero uno.
A: Scusa, come ti chiami?
B: Mi chiamo Dino Marcelli.
A: Che scuola frequenti?
B: Frequento la scuola media.
A: Che classe fai?
B: Faccio la terza.
A: Quanti anni hai?
B: Ho tredici anni.
A: Ti piace la scuola?
B: Abbastanza.

1. MARCELLI DINO — 3ª C — Scuola Media
2. ANTONIOTTI GUIDO — 2ª B — Istituto Professionale
3. PONTI Vittorio — Istituto d'Arte — Classe: 4ª A
4. Angela MAZZOCCHI — Liceo classico — 1ª C
5. Eva Baldini — Conservatorio di Musica — Classe 2ª
6. GUARNIERI Paola — Scuola Elementare — Classe: 5ª B

8ª Unità

Le materie

Ecco delle materie studiate alla scuola in Italia.

Se vuoi sapere il nome di qualche altra materia, chiedilo al tuo professore/alla tua professoressa, così:
"Professoressa, come si dice 'Biology' in italiano?"

1. italiano
2. matematica
3. una lingua straniera (inglese, francese, tedesco)
4. storia
5. geografia
6. scienze (fisica, chimica)
7. disegno
8. applicazioni tecniche
9. religione
10. musica
11. educazione fisica (ginnastica)
12. informatica
13. filosofia
14. latino

Inchiesta sulla scuola

Questa classe italiana fa un'inchiesta sulla scuola in diversi paesi.
I ragazzi italiani hanno preparato questa lista di domande e vi hanno chiesto di registrare le vostre interviste in italiano.

Lavora con un(a) partner.

Poi scambiatevi i ruoli.
Se possibile, registrate le vostre interviste.

A fa le domande.
B risponde in italiano.

DOMANDE PER LE INTERVISTE

A Quali materie studiate nella vostra scuola?
B Nella nostra scuola facciamo ...
A Studiate anche altre materie?
B Studiamo anche ...
A Quali materie nella lista di simboli <u>non</u> studiate alla vostra scuola?
B Non studiamo ... / Studiamo tutte le materie nella lista.
A Quali materie ti piacciono di più?
B Mi piace ... e poi mi piace ...
A Quali materie non ti piacciono?
B Non mi piace ... e non mi piace ...
A C'è una materia che non studi che ti piacerebbe studiare?
B Sì, mi piacerebbe studiare .../Penso di no.

Cosa pensi delle materie?

Copia le colonne sul tuo quaderno, e completa le liste.

MATERIE PIÙ UTILI	MATERIE PIÙ DIFFICILI	MATERIE PIÙ INTERESSANTI	MATERIE PIÙ CREATIVE
MATERIE PIÙ INUTILI	MATERIE PIÙ FACILI	MATERIE PIÙ NOIOSE	MATERIE PIÙ DIVERTENTI

Guarda le liste del tuo/della tua partner. Siete d'accordo? Se non siete d'accordo, prova a convincere il tuo/la tua partner che hai ragione!

Espressioni utili:
Non sono d'accordo.
Per latino sono d'accordo.
Secondo me, l'informatica è molto utile.
Filosofia è molto difficile.
Francese non è interessante.
Le materie più creative sono educazione tecnica e musica.
Sei d'accordo?

8ª Unità

Perché ti piace matematica?

Per saper spiegare perché una materia ti piace, leggi quello che hanno detto questi ragazzi.

> Mi piace matematica perché è facile.
> Geografia è una materia molto interessante.
> Inglese mi piace moltissimo; è una materia molto utile.
> Informatica è creativa ed anche utile; mi piace abbastanza.
> A me piace moltissimo francese; è una materia divertente.

> Non mi piace storia. È una materia noiosa.
> Musica non è interessante. Non mi piace proprio.
> Non mi piace molto chimica perché è difficile.
> Non mi piace filosofia; preferisco italiano.
> Latino non è molto utile. Non mi piace proprio.

Lavora con un(a) partner e trovate cinque materie su cui avete le stesse opinioni.

Esempio:

A : Ti piace matematica?
B : Sì, abbastanza.
A : Anche a me piace. Dimmi perché?
B : Perché non è molto difficile.

A : Ti piace musica?
B : No, non mi piace proprio.
A : Neanche a me. Perché non ti piace?
B : Perché è noiosa.

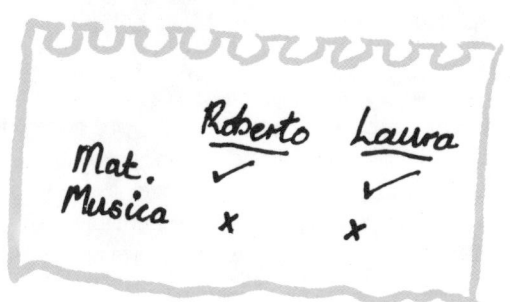

	Roberto	Laura
Mat.	✓	✓
Musica	✗	✗

Una lettera dal tuo corrispondente

Ricevi una lettera dal tuo corrispondente che contiene questo paragrafo.
Scrivi un paragrafo in cui rispondi alle sue domande.

> Parlami della tua scuola. Quali materie studi? Quali materie ti piacciono di più? (La mia materia preferita è inglese!) Quest'anno io devo studiare latino. Secondo me non è molto utile! Studi latino anche tu? Ci sono delle materie che non ti piacciono?

io nella lezione di latino

il nostro professore

Puoi cominciare così:
  Adesso ti parlo della mia scuola.
  Studio inglese, matematica …

8ª Unità

Una giornata tipica

Ecco gli orari dei ragazzi che parlano.
Chi sta parlando? Scrivi la lettera dell'orario adatto.

A

B

C

La mia giornata di scuola

Tipicamente, in un liceo italiano, la scuola comincia alle otto e mezza e finisce all'una e mezza. Ci sono cinque ore di lezione. I ragazzi hanno soltanto quindici minuti di intervallo. Non c'è un intervallo per il pranzo.

La scuola **comincia** alle otto e mezza …

… e **finisce** all'una e mezza.

Com'è la tua giornata a scuola?
Completa queste frasi:
La mia scuola comincia alle _____ e finisce alle
_____ . Ci sono _____ ore di lezione
la mattina, e _____ ore di lezione il pomeriggio.
Le lezioni durano _____ , e la mattina abbiamo
_____ di intervallo. L'intervallo per il pranzo
comincia all'/alle _____ e finisce all'/alle
_____ .

8ª Unità

Esempio:

✗ Il mercoledì disegno finisce alle otto e un quarto.
✓ Il mercoledì disegno **comincia** alle otto e un quarto.
✓ Il mercoledì disegno finisce alle **nove** e un quarto.

Matilde non capisce il suo orario

Matilde è in I^ A quest'anno e spiega il suo orario, l'orario A (pagina 80) alla sua amica. Ma Matilde non capisce l'orario! Sbaglia sempre. Tutte le frasi sono false. Cambiando una parola soltanto in ogni frase, puoi scrivere 18 fatti veri sull'orario A?
By changing only one word in each of the original sentences, can you make 18 true statements about timetable A?

1. Il lunedì chimica comincia alle dieci e un quarto.
2. Il martedì inglese finisce alle undici e mezza.
3. Il giovedì italiano finisce alle dieci e un quarto.
4. Il venerdì abbiamo due ore di disegno.
5. Abbiamo matematica il mercoledì e il sabato.
6. Abbiamo due lezioni di matematica alla settimana.

Matilde l'Insegnante

Quando Matilde fa l'insegnante
Il risultato è straziante!

Scena: l'aula di Prima B del liceo scientifico Garibaldi. Beppe e Carla sono seduti. Entra Antonio.

Antonio: Sentite ragazzi! La signora Rossi ha la febbre. Per oggi abbiamo una nuova insegnante.
Beppe: Come si chiama?
Antonio: Si chiama signora Matilde.
Carla: Eccola che arriva!
Matilde: Buongiorno, ragazzi.
Antonio:
Beppe: } Buongiorno, signora.
Carla:
Matilde: No no no! Questo non va. Tutti a piedi!
[*I ragazzi si alzano*]
Ancora una volta! Buongiorno, ragazzi!
Antonio:
Beppe: } Buongiorno, signora.
Carla:
Matilde: No no no! Ascoltate! "B u o n g i o r n o !" Così!
Antonio:
Beppe: } Buongiorno!
Carla:
Matilde: No no no! Con sentimento, per favore! [*con molto sentimento*] "Buongiorno, signora!"
Antonio:
Beppe: } [*con molto sentimento*] Buongiorno, signora!
Carla:
Matilde: Va bene. Sedetevi. [*I ragazzi si siedono.*] Oggi facciamo geografia.

Antonio: Scusi signora!
Matilde: Sì?
Antonio: Il mercoledì alle otto e mezza abbiamo storia. Non abbiamo geografia.
Matilde: Con me avete geografia. Oggi studiamo l'Australia.
Beppe: Scusi, signora!
Matilde: Sì?
Beppe: Noi in geografia studiamo l'America.
Matilde: Silenzio! Con me studiate l'Australia. Ripetete: "L'Australia è lontana."
Antonio:
Beppe: } L'Australia è lontana.
Carla:
Matilde: L'Australia non è vicina.
Antonio:
Beppe: } L'Australia non è vicina.
Carla:
Carla: Scusi, signora!
Matilde: Sì?
Carla: Mio cugino abita in Australia.
Matilde: Silenzio! In Australia ci sono i canguri. Can-gu-ri! Ripetete!
Antonio:
Beppe: } In Australia ci sono i canguri!
Carla:
Carla: Ed anche mio cugino.
Antonio:
Beppe: } Ed anche suo cugino.
Matilde: Basta! Perché ridete? Siete insolenti. Andate subito dal Preside. Subito! Fuori!
Antonio:
Beppe: } Sì signora. Arrivederci.
Carla:
Beppe: Questa professoressa è completamente matta!
[*I ragazzi escono*]

8ª Unità

Adesso, tocca a te!

1.

Una ragazza italiana ha mandato una cassetta alla tua classe. Parla della sua scuola, ma non ha mandato il suo orario. Ascoltando la cassetta, puoi scrivere da te l'orario del lunedì e del martedì? Ascolta la cassetta alcune volte se vuoi.

Nome .... Classe...............

alle ore	lunedì	martedì

2.

A friend of yours who doesn't know much Italian has received this letter from Italy, so he asks for your help. Answer his questions about his penfriend.

These are the things your friend wants to check he has understood correctly about Renato:
1. Did he get his letter?
2. What school does he go to?
3. What year is he in?
4. Does he like school?
5. What subjects does he do?
6. What's his favourite subject?
7. What's his least favourite subject?
8. Who are the people in the photo, and which one is Renato?

Rimini, il 6 giugno

Caro Sean,
       Grazie della tua lettera in inglese. Sono molto contento di averla ricevuta. Spero che capirai se io ti scrivo in italiano!
       Qui fa molto caldo e andiamo spesso in spiaggia. Fra poco devo dare gli esami di fine dell'anno. Frequento la scuola media e faccio la prima A. Ti mando una foto della mia classe. Come vedi, siamo un po' matti! Io sono il terzo a destra, in piedi.
       La scuola mi piace abbastanza. Studio italiano, matematica, inglese, storia, geografia, disegno, tecnica, ginnastica, scienze, musica e religione. La mia materia preferita è storia perché la professoressa è molto brava e simpatica. Non mi piace musica – è noiosa!
       E tu? A che ora comincia la scuola? Che classe fai? Che lezioni fai? Quale materia ti piace di più? Scrivimi presto.

Renato.

3.

Your friend asks you to reply to Renato for him. You're feeling lazy, so you decide to send a cassette instead of a letter, giving as many details as you can about your school.

8ª Unità

Ora sai

Now you know

- how to say which school you go to, and ask others

  - Che scuola frequenti?
    Frequento la scuola media.

- how to say which class you're in, and ask others

  - Che classe fai?
    Faccio la terza.

- how to say which subjects you do, and ask others

  - Quali materie studi?

    Studio matematica
    geografia
    storia
    fisica
    chimica
    ginnastica
    musica
    disegno
    inglese
    italiano
    francese
    informatica

- the days of the week in Italian

  - lunedì
    martedì
    mercoledì
    giovedì
    venerdì
    sabato
    domenica

- how to say which subjects you like and dislike and why, and ask others

  - Ti piace disegno? Perché?
    Mi piace disegno perché è facile
    interessante
    utile
    creativo
    divertente

    Non ti piace fisica? Perché?
    Non mi piace fisica perché è difficile
    noiosa
    inutile

    Latino non è una materia interessante
    divertente

- how to talk about your timetable, and ask others

  - Che cos' hai il mercoledì alle dieci?
    Il mercoledì ho francese alle dieci.
    A che ora comincia matematica?
    Comincia alle 11.30 e finisce alle 12.30.

9ª Unità
UNA GIORNATA TIPICA

When you go to stay with an Italian family, they will go to great lengths to make you feel welcome and to help you feel at home. You will need to help them by answering their questions and telling them about yourself and what you do at home.

When your Italian friend comes to stay with you, you will want to make sure that you give him or her a good time too. You will need to be able to ask questions in order to help him/her fit in and feel at home. In this unit, you will learn how to talk about what you do at different times during the day and to ask other people about what they do.

Una giornata italiana

La scuola comincia alle otto e mezza la mattina e finisce all'una e venti, sabato incluso.

Si mangia all'una e mezza e poi verso le otto di sera.

Generalmente i negozi si chiudono verso le sette o le otto di sera.

La domenica molte famiglie mangiano al ristorante.

Quando fa caldo, molte persone fanno la siesta.

9ª Unità

Una giornata di scuola

Questi disegni dimostrano quello che fa un ragazzo italiano durante una giornata tipica.
Adesso fa' qualche disegno per rappresentare una tua tipica giornata.

1.  Mi sveglio.
2.  Mi alzo.
3.  Mi lavo.
4.  Faccio colazione.
5.  Vado a scuola.
6.  Arrivo a scuola.
7.  Torno a casa.
8.  Pranzo.
9.  Ceno.
10.  Vado a letto.

Settimane bianche

Ricevi una lettera dal tuo corrispondente italiano. Ti invita a fare dello sci durante la tua vacanza in Italia e ti manda questo programma.
Tua madre ti chiede di spiegarle il programma.

SETTIMANE BIANCHE

Programma giornaliero

mattina

7.30		sveglia
8.00		colazione
9.00		scuola sci
12.00		tornare in albergo
13.00		pranzo

pomeriggio

14.30		sci di fondo

sera

19.00		cena
20.00		pattinaggio o
		 cinema o
		 discoteca
22.30		andare a letto

9ª Unità

Nadia ti scrive

Fai uno scambio con una scuola italiana. La tua partner si chiama Nadia. Fa' una lista di tutte le cose che vorresti sapere prima di partire. Adesso leggi la sua lettera. Ti spiega tutto o farai qualche altra domanda nella tua prossima lettera?

7.00 mi sveglio
7.00 mi alzo
mi lavo
faccio colazione
7.55 vado a scuola

Rimini, 2 marzo

Cara Kate,
  Grazie per la tua lettera che ho ricevuto finalmente due giorni fa. Sono contentissima che abbiamo gli stessi interessi. Per i primi giorni dello scambio verrai a scuola con me. La mia professoressa di inglese è molto simpatica – sono sicura che ti piacerà. Adesso ti spiego come è una tipica giornata di scuola. Così non ti sentirai troppo sperduta.
  La mattina mi sveglio alle sette quando la mamma mi chiama e mi alzo più o meno subito. Non mi piace rimanere a letto e ho sempre fame la mattina. Vado un momento in bagno e mi lavo. Faccio colazione in cucina con i miei fratelli, Lorenzo e Massimo, e poi alle otto meno cinque vado a scuola – in autobus. Ci arrivo verso le otto e venti.
  Torno a casa all'una e venti per il pranzo. La sera mangiamo alle otto. Guardiamo la televisione perché alle otto c'è telegiornale e mio padre vuole sempre vedere le notizie.
  Generalmente vado a letto alle dieci e mezza.
  Spero che ti divertirai alla nostra scuola e che non la troverai troppo diversa della scuola inglese.
  Tanti saluti e a presto,
  Baci,
  Nadia
  Nadia

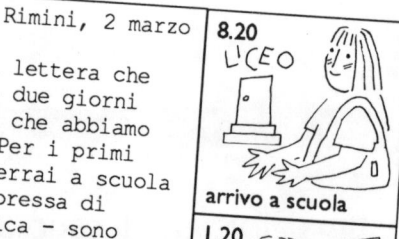

8.20 arrivo a scuola
1.20 torno a casa
il pranzo
la cena
10.30 vado a letto

Un(a) partner per lo scambio

Questi giovani fanno uno scambio con una scuola italiana durante le vacanze. Ascolta le cassette che hanno mandato i ragazzi italiani. Secondo te, che sarà il/la partner più adatto/a per ciascuno dei ragazzi inglesi?

Adrian Green	Karen Phillips	Ian Guildford
Mi sveglio alle 8.30.	Mi sveglio alle 7.00.	Mi sveglio alle 9.00.
Mi alzo alle 8.30.	Mi alzo alle 7.15.	Mi alzo alle 10.00.
Vado a letto a mezzanotte.	Vado a letto alle 10.00.	Vado a letto alle 12.30.

Sarah Baker	Paul James	Joanna Harvey
Mi sveglio alle 8.00.	Mi sveglio alle 9.15.	Mi sveglio alle 7.30.
Mi alzo alle 8.20.	Mi alzo alle 9.30.	Mi alzo alle 8.30.
Vado a letto alle 11.30.	Vado a letto alle 11.00.	Vado a letto verso le 11.00.

9a Unità

A. all' una e mezza
B. in cucina
C. alle dieci e mezza
D. alle sette e dieci
E. in autobus
F. in camera mia
G. in macchina
H. alle sette
I. alle otto e dieci
J. alle otto e un quarto
K. nella sala da pranzo

A che ora ti svegli la mattina?

Per ogni domanda trova una risposta adatta.
Attenzione! Ci sono undici risposte per nove domande.

1. A che ora ti svegli la mattina?
2. A che ora ti alzi?
3. Dove fai colazione?
4. Come vai a scuola?
5. Quando arrivi a scuola?
6. Come torni a casa?
7. A che ora pranzi?
8. A che ora mangi la sera?
9. A che ora vai a letto?

Adesso, con un(a) partner, prova a rispondere a tutte le domande in un minuto.

A più tardi, allora

Un gruppo di ragazzi italiani passa una giornata alla tua scuola. Vengono nell'ora d'italiano, e cominciate a parlare insieme.
Leggi il dialogo con un(a) partner.

A : Ciao! Vuoi sederti qui?
B : Grazie.
A : Come ti chiami?
B : Mario. E tu?
A : Graham. Di dove sei?
B : Sono di Livorno, ma abito a Pisa.
A : Ti piace la cucina inglese?
B : Sì, molto.
A : Ti piacerebbe andare a mangiare del pesce e delle patate fritte con noi a mezzogiorno?
B : D'accordo. Dove ci troviamo?
A : Davanti alla scuola, va bene?
B : Sì. A che ora?
A : Alle dodici e mezza. Va bene?
B : Perfetto. A più tardi, allora.

Ora, inventate altri dialoghi scegliendo tra le parole nei cerchi:

NOMI: Patrizia, Grazia, Filippo, Sabina, Ugo, Carmelo, Maria

DI: Torino, Napoli, Milano, Roma

ABITA: Venezia, Firenze, Bologna, Arezzo

TI PIACE?: giocare a calcio, nuotare, giocare a ping pong, andare a pattinare, visitare la città

INVITO: giocare a calcio, andare in piscina, giocare a ping pong, andare a pattinare, visitare la città

ORA: 12.15, 12.30, 1.00, 1.15

DOVE?: davanti alla scuola, all'entrata, davanti alla piscina, alla fermata dell'autobus, nel corridoio

VA BENE?: Mi dispiace, non posso. D'accordo. Perfetto. A più tardi, allora.

9ª Unità

Adesso, tocca a te!

1.
La madre del tuo amico pensa che tu sembri un po' stanco(a). Ha paura che stai facendo troppe cose. Ti fa qualche domanda su quello che fai a casa per sapere se sei abituato(a) al loro modo di vivere.
Il tuo/la tua partner farà la parte della madre del tuo amico e ti farà alcune domande basate sui simboli qui sotto.

1. ATAM (Come?)
2. (Quando?) (A che ora?)
3.
4.
5.

Rispondi alle sue domande secondo quello che fai in una tipica giornata di scuola.
Lo studente/la studentessa che fa le domande deve tener conto delle riposte del(la) partner e, alla fine, deve controllare se ha capito bene.

Esempio:

A ● A che ora ti alzi la mattina?
B ● Mi alzo alle otto meno venti.

2.
Vorresti aiutare la tua ospite a trovarsi a suo agio quando verrà a casa tua. Scrivi un programma per una giornata durante la settimana ed un altro per la domenica. C'è un modello qui sotto. Prova a fare un programma ben dettagliato.

```
Da lunedì a sabato
  6.45   mi sveglio
  7.00   mi alzo
  8.10   vado a scuola in autobus
 20.00   ceno
 22.00   vado a letto
```

3.
Vuoi sapere se ci sono differenze importanti tra la tua routine e quella del tuo ospite.
Fa' una lista delle domande che farai nella tua prossima lettera. I simboli qui sotto ti aiuteranno.

(Dove?)

ATAM

Esempio:

A che ora ti alzi la mattina?

Ci sono altre domande che potresti fare?

4.
Prepara una cassetta da spedire alla tua amica in Italia. Registra le informazioni che hai notato nei due programmi (esercizio 2) e registra anche le domande che hai preparato per l'esercizio numero 3.

5.
Nella tua ultima lettera al tuo partner per lo scambio, avevi fatto alcune domande su una tipica giornata di scuola in Italia. Volevi sapere queste cose:

Invece di rispondere per lettera, il tuo partner ti ha mandato una cassetta. Ascolta quello che ti dice.

- Risponde a tutte le tue domande?
- Come risponde alle tue domande?
- Ti dà altre informazioni? Che cosa ti dice?

9ª Unità

Ora sai
Now you know

- how to refer to different times of day

  - la mattina
    il pomeriggio
    la sera
    prima delle nove
    dopo mezzanotte

- how to talk about some of the things you do every day

  - Mi sveglio.
    Mi alzo.
    Mi lavo.
    Faccio colazione.
    Vado a...
    Non pranzo a scuola.
    Non torno a casa a piedi.
    Vado a letto alle dieci.

- the names of meals in Italian

  - la colazione
    il pranzo
    la cena

- how to ask people questions about what they do during the day

  - A che ora arrivi a scuola?
    Come torni a casa?
    Dove mangi la sera?
    Quando vai a letto?

10ª Unità
UN PO' DI TEMPO LIBERO

If you have a penfriend in Italy and plan a visit during term time, you won't, of course, spend all your time at school. Most schools finish at lunch time, leaving you with the afternoon and evening free. So your penfriend may want to ask you what you like doing in your free time, and you may want to add some suggestions of your own for things to do that you find interesting.

This unit will show you how to get to know an Italian friend better, by helping you to learn how to talk about what you do in your free time and how to ask others what they do in their free time.

La sera, in Italia . . .

La sera, a molti italiani piace . . .

fare un giro lungo il corso o nella piazza principale della città

o andare in gelateria

o andare in pizzeria

o andare al cinema

o preferiscono stare in famiglia.

10ª Unità

Che cosa ti piace fare la sera?

Una rivista italiana ha fatto questa domanda a più di cinquecento ragazzi di tutta Italia.
Ecco i risultati dell'inchiesta:

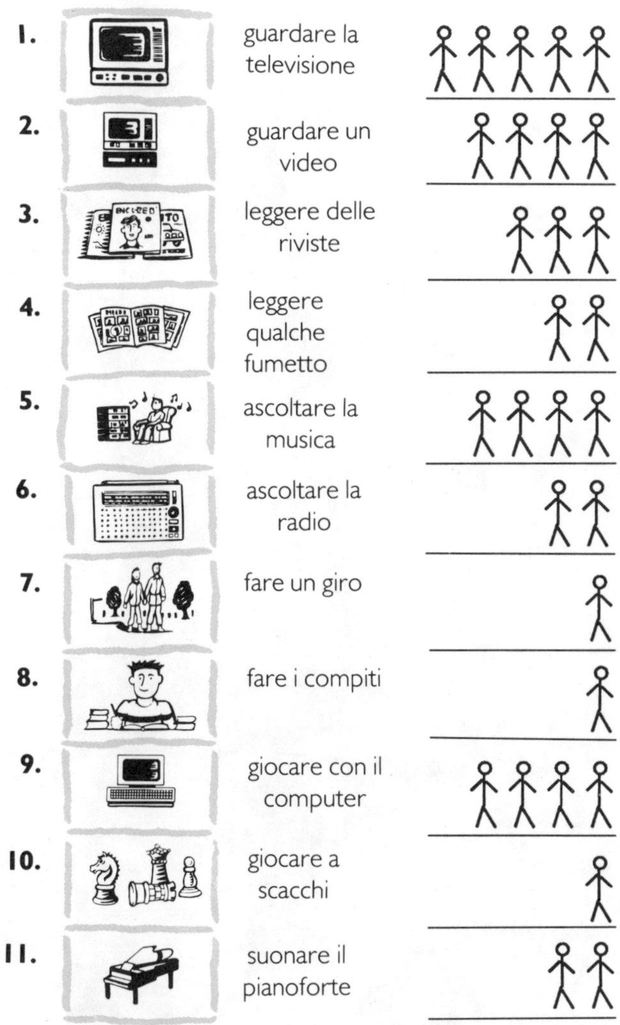

Che cosa ti piace fare la sera?

1. guardare la televisione
2. guardare un video
3. leggere delle riviste
4. leggere qualche fumetto
5. ascoltare la musica
6. ascoltare la radio
7. fare un giro
8. fare i compiti
9. giocare con il computer
10. giocare a scacchi
11. suonare il pianoforte

Se vuoi sapere il nome di qualche altra attività, chiedilo al tuo professore/alla tua professoressa, così:
"Professore, come si dice 'to play the guitar' in italiano?"

Fate un'inchiesta nella vostra classe. Ci sono delle differenze tra i vostri risultati e quelli del gruppo italiano?

Trova le differenze

Queste due vignette si differenziano per nove particolari. Quali sono?

— *Ma perché devono sempre finire i loro compiti all'ora della prima colazione?*

— *Ma perché devono sempre finire i loro compiti all'ora della prima colazione?*

10ª Unità

Name: Jason Tsiricos
Hobbies: Reading
Playing piano and guitar
Likes: Music - all kinds and watching T.V.
Dislikes: Most sports

Scriviamoci!

Questi ragazzi cercano corrispondenti in Italia.

Name: Donna Parker
Hobbies: playing tennis
swimming skating
Likes: Watching T.V.
Reading
Dislikes: Maths, Football

Name: Adrian Jones
Hobbies: Computer games
especially computer chess
Likes: Watching football
matches on T.V.
Dislikes: Geography exams

In una rivista italiana trovi queste inserzioni. Secondo te, questi ragazzi trovano qualcuno a cui scrivere?

URGENTISSIMO: Sono una ragazza di 13 anni e vorrei corrispondere con ragazzi da 12 anni in su. Mi chiamo Silvia e mi piace guardare la televisione, leggere delle riviste ed ascoltare la musica. Non sono molto sportiva. Mandate dunque le vostre lettere in via Tiziano, 8-10060 CANDIOLO (TO).

HEI RAGAZZI! Ho 16 anni. Mi piace giocare con il computer, guardare la televisione e fare dello sport. Mi piacciono soprattutto il tennis e il calcio. Vorrei corrispondere con ognuno di voi. Scrivetemi, la risposta è sicura: Roberto Triulzi, Via G. Verdi, 2-40122 BOLOGNA.

Cari amici, ho una voglia matta di fare nuove amicizie con ragazzi/e di qualsiasi età. Adoro la musica di tutti i tipi e passo molto tempo ad ascoltare i miei dischi ed a ascoltare la radio. Suono anche il clarinetto. Non mi piace fare i compiti! Ciao, e scrivete! Paola Bocco, via Vatesiggi, 14-37060 MOZZECANE (VR)

Ho 15 anni e mi chiamo Francesco. Vorrei corrispondere con ragazzi/e di tutta Europa. Mi piace moltissimo giocare a scacchi e giocare con il computer. Mi piace leggere riviste sul computer. Ciao, e scrivetemi! Francesco Laila, V. Cavour 1, COMO.

Cerco ragazzi e ragazze per corrispondere sia in inglese che in italiano. Sono abbastanza sportiva, mi piace andare in giro con le mie amiche, sciare, andare a pattinare e nuotare. Per rilassarmi mi piace guardare un video o andare al cinema. Allora, cosa aspetti a scrivermi? Il mio indirizzo è: Elisa Poli, via A. Baccarini 8, 56100 PISA.

Che cosa fai il weekend?

Guardo la televisione.

Faccio un giro.

Ascolto la musica.

Leggo delle riviste.

Gioco con il computer.

Suono il flauto.

10ª Unità

Trova un sottotitolo adatto per queste figure:

1.
2.
3.
4.
5.
6.
7.
8.

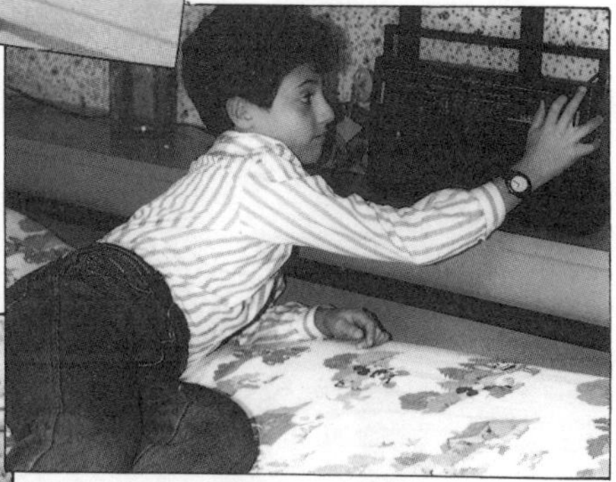

Le frasi nascoste

Per ogni riga, trova la frase nascosta.
Per esempio, per la prima riga scrivi:
GUARDO UN VIDEO.
Adesso puoi inventare un altro gioco come questo da scambiare con un(a) partner?

1	W	X	**G**	**U**	**A**	**R**	**D**	**O**	A	B	**U**	**N**	P	F	**V**	**I**	**D**	**E**	**O**	H	G	R	T	S	V	L	O	N
2	P	A	S	C	O	L	T	O	B	C	D	E	L	L	A	O	M	U	S	I	C	I	G	A	S	R	U	E	V	L	O	B
3	E	Y	Z	L	E	G	G	O	C	N	D	E	L	L	F	L	M	N	K	U	R	I	V	I	T	E	J	O	F	L	O	R	B	E	M	G
4	G	I	O	C	O	C	C	O	N	B	I	L	M	C	O	M	P	I	T	I	E	J	S	T	R	I	F	F	O	R	I	T	A	O	G	M
5	C	R	F	A	C	C	I	O	Z	I	A	L	C	O	M	P	I	T	I	J	O	U	F	M	T	T	E	R	I	T	A	E	T	S	M	S	O
6	H	C	D	A	T	L	E	G	G	O	B	Q	U	A	L	C	H	E	S	F	U	M	P	E	T	R	A	V	G	O	S	E	A
7	E	E	L	G	I	O	C	O	E	L	L	A	S	U	B	R	O	S	C	A	C	C	H	I	R	D	I	V	A	V	D	S	O	A	S	F
8	E	L	E	G	G	O	A	U	N	M	L	I	B	R	O	L	U	N	G	I	S	I	M	O	R	D	I	N	E	C	U	I	E	P
9	B	I	G	A	S	C	O	L	T	O	V	I	L	A	B	U	O	G	A	O	N	I	O	T	A	D	I	N	T	A	I	T	P
10	S	N	G	U	A	R	D	O	T	L	A	E	T	E	L	E	V	I	S	I	O	N	E	E	V	C	U	I	E	P
11	T	S	U	O	N	O	E	N	I	L	B	U	R	P	I	A	N	O	F	O	R	S	A	U	T	P
12	P	E	R	G	I	O	C	O	O	T	T	A	F	R	A	T	E	N	N	I	S	A	I	U	I	P

10ª Unità

Ma tu, cosa fai la sera?

Abbiamo fatto questa domanda a questi due italiani.
Ecco le loro risposte in ordine di preferenza:

1. Guardo la televisione.
2. Ascolto la radio.
3. Leggo delle riviste.
4. Faccio un giro.
5. Leggo un libro.

1. Gioco a tennis.
2. Guardo la televisione.
3. Ascolto la musica.
4. Vado al cinema.
5. Guardo un video.

Scrivi una lista personale di cinque attività, in ordine di preferenza.
Poi, scrivi una seconda lista per un amico o un'amica della tua classe.
Adesso, mettete le vostre liste insieme. Sono ugali?
Un punto per ogni risposta in comune.

Punteggio:

5 punti: Siete veri amici.
4 punti: Vi conoscete proprio bene.
3 punti: Vi conoscete abbastanza bene.
2 punti: Cominciate a conoscervi.
1 punto: Non vi conoscete proprio.
0 punti: Ma siete amici?

Durante la settimana e la domenica

Che cosa fai durante la settimana e che cosa fai la domenica?
Ascolta questi ragazzi italiani.

> Durante la settimana, cosa fai la sera?

> Faccio i compiti e gioco con il computer. Alle otto ceno e guardo la televisione. Vado a letto verso le dieci e mezza.

> E la domenica, cosa fai?

> Mi alzo verso le dieci. Ascolto la musica e leggo delle riviste. Il pomeriggio gioco a calcio e la sera, dopo cena, guardo la televisione o un video. Vado a letto verso le undici. E tu, che cosa fai?

Lavora con un(a) partner per vedere se fate le stesse cose. Inventate un dialogo secondo questo modello.

Adesso, ascolta altri italiani che parlano di quello che fanno durante la settimana e la domenica.
Secondo te, chi è
- molto serio/a?
- piuttosto sportivo/a?
- appassionato/a di musica?
- molto dinamico/a?

10ª Unità

Che cos'è la calligrafia?

a. Se scrivi così, la sera, generalmente, giochi a scacchi, giochi con il computer, fai i compiti, ascolti la radio.

b. Se scrivi così, la sera, generalmente, guardi la televisione o vai al cinema, ascolti la musica o giochi a tennis.

c. Se scrivi così, la sera, generalmente, suoni uno strumento musicale, ascolti la musica o leggi qualche fumetto.

d. Se scrivi così, la sera, generalmente, fai i compiti e poi guardi la televisione o fai un giro con i tuoi amici.

e. Se scrivi così, la sera, generalmente, guardi la televisione, giochi a calcio o vai in piscina, o ascolti la musica.

f. Se scrivi così, la sera, generalmente, suoni uno strumento musicale, giochi con il computer e leggi delle riviste.

Lavora con un(a) partner.
Scegli due cose che generalmente fai il venerdì sera.
A. getta il dado e fa la domanda che corrisponde al numero sul dado. Per esempio, se esce un tre, chiede "leggi delle riviste?".
B. deve rispondere, "Sì, leggo delle riviste", o "No, non leggo delle riviste". La persona che scopre prima le due preferenze del/della partner vince.

Esempio:

A : Chi comincia? Comincio io, va bene?
B : Sì. Va bene.
A : (*Getta il dado.*) Cinque. Guardi la televisione?
B : No, non guardo la televisione. Tocca a me! Sei. Vai al cinema?
A : Sì, vado al cinema.
B : Un punto per me. Tocca a te!
A : Tre. Leggi delle riviste? ...

Gioco B: Il sabato mattina, cosa fai?

1.  Suoni uno strumento musicale?
2.  Vai al mercato?
3.  Leggi qualche fumetto?
4.  Giochi a tennis?
5.  Ascolti la radio?
6.  Fai i compiti?

Giochiamo!

Gioco A: Il venerdì sera cosa fai?

1. Fai i compiti?
2. Giochi con il computer?
3. Leggi delle riviste?
4. Ascolti la musica?
5. Guardi la televisione?
6. Vai al cinema?

Gioco C: La domenica sera, cosa fai?

1. 2. 3.
4. 5. 6.

95

10ª Unità

Adesso, tocca a te!

1.
Fa' una lista di quattro attività che ti piacciono fare il sabato e/o la domenica.

Esempio:

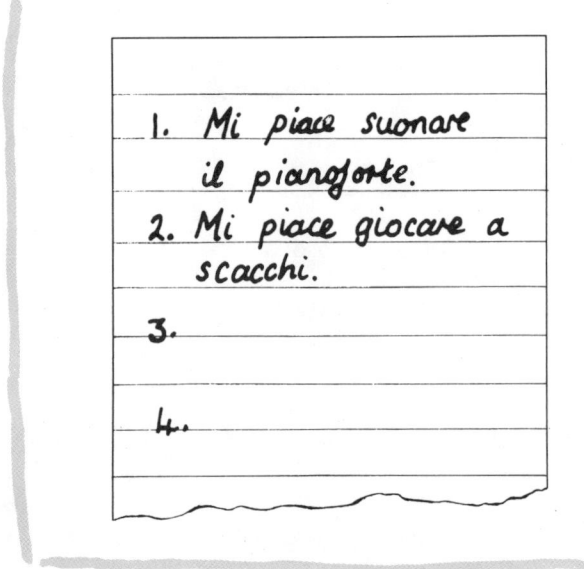

1. Mi piace suonare il pianoforte.
2. Mi piace giocare a scacchi.
3.
4.

2.
Ora, ascolta questi ragazzi italiani che parlano di quello che a loro piace fare.
Con chi hai più interessi in commune?

3.
Ricevi questa lettera dal tuo corrispondente in Italia.
Scrivigli una cartolina e digli quello che fai in vacanza.

Rimini, 7 luglio

Ciao!
Grazie della tua lettera e della fotografia della tua famiglia. Purtroppo noi non abbiamo degli animali in casa perché mia sorella è allergica.
Adesso è finita la scuola, sono in vacanza e ho tempo di fare tutte le cose che mi piacciono di più.
La mattina mi alzo abbastanza tardi. Leggo delle riviste sul computer, ascolto la musica o suono la chitarra.
Dopo pranzo vado in spiaggia con i miei amici. Mi piace fare del windsurf o nuotare. Qualche volta gioco a tennis con il mio amico, Paolo.
La sera guardo la televisione o gioco con il computer. Ogni tanto vado o in pizzeria o in gelateria con degli amici.
Quand'è che parti per le vacanze? Mandami una cartolina e dimmi che cosa fai.
Tanti auguri
Dario

4.
Parla in gara col tempo!
Fa' una gara con un(a) partner o con un gruppo di amici. Chi riesce a parlare più a lungo di quello che fa quando ha un po' di tempo libero? Senza esitazioni e senza ripetizioni!

Queste frasi ti aiuteranno:

> Generalmente la sera...
> Il sabato...
> La domenica sera...
> Durante le vacanze...

10ª Unità

Ora sai
Now you know

- how to talk about some of the activities you do in the evening and to ask others

- Mi piace guardare la televisione.
  Mi piace molto ascoltare la musica.
  Non mi piace fare i compiti.
  Non mi piace giocare a scacchi.
  Ti piace giocare con il computer?

- how to say what you do in the evenings and at weekends and to ask others

- Guardo un video.
  Leggo delle riviste.
  Suono il pianoforte.
  Leggo qualche fumetto.
  Faccio i compiti.
  Cosa fai la sera?
  E la domenica, cosa fai?
  Guardi la televisione?
  Giochi con il computer?
  Leggi delle riviste o dei libri?

SCOPRITE QUALCOSA DI PIÙ

*When you need to check a grammar point, use this index to help you find the section you need. At the end of each section there is a summary (**Sommario**) which briefly sets out the rules. The earlier part of each section provides more detailed explanations, and exercises so that you can practise each point and check that you have understood it properly. The explanations and exercises are designed to encourage you to work out the rules for yourself as you go along. This makes each rule easier to understand and remember. The explanations and exercises will therefore be most helpful if they are worked through slowly and thoroughly, line by line. However, once this has been done, you can turn to them again at any time to refresh your memory.*

The verb **avere**: **ho** and **hai**	99
Avete and **abbiamo**	100
Ha and **hanno**	101
Formal and informal: **ha** and **hai**	101
Sommario	102

Talking about the family: **mio/mia**, **tuo/tua**, **suo/sua**	102
What is mine, yours, his and hers: **il mio**, **il tuo**, **il suo**, and **la mia**, **la tua**, **la sua**	103
I miei, **i tuoi**, **i suoi** and **le mie**, **le tue**, **le sue**	104
Sommario	105

Infinitives (the dictionary form of verbs)	105
Written instructions	105
Spoken instructions: **deve**, **devi**, **dovete**	106
Sommario	107

Some and *any*: **del**, **della**, **dell'**, **dello**, **dei**, **delle**, **degli**	107
Sommario	109

They endings: **-ano** and **-ono**	110
Sommario	111

Abitare and other **-are** verbs: **abito** and **abiti**	111
Using **tu** and **lei**: **abiti** and **abita**	111
He, *she* and *it*: **abita**	112
Sommario	112

It and *them*: **lo**, **la**, **li**, **le**	112
Sommario	113
More about adjectives	113
Adjectives in the plural	114
Sommario	115

Another word for *the*: **lo**	116
Sommario	116

Irregular nouns: **la mano**, **le braccia**	117

More about *the*: **gli**	117
Sommario	119

The verb **fare**	119
Faccio and **fai**	120
Facciamo and **fate**	120
Fa	121
Using **Lei**	122
Fanno	122
Using the infinitive: **voglio fare**, **posso fare**, etc.	122
Sommario	123

Reflexive verbs: **mi chiamo**, **ti alzi**, etc.	123
Sommario	125

Io and **tu** forms of common verbs	126
Sommario	126

1ª Unità

The verb **avere**: **ho** and **ha**

Look at these questions which an Italian girl called Carla asked her penfriend, Penny, at the end of her letter:

```
Nella tua prossima lettera, parlami un
po' di te. Quanti anni hai? Hai fratelli?
Hai degli animali a casa?
         Ciao e a presto!

                     Carla
```

Here are Penny's answers:

```
Ho quindici anni. Il mio compleanno è
il 23 novembre.

Non ho fratelli ma ho un bellissimo cane.
Si chiama Jess.
```

Which word did Carla use to say *have you got ...?*
Which word did Penny use to say *I've got ...* ?

Answer: Carla used **hai** and Penny used **ho**.

Have you noticed that Italians say *I've got 15 years of age*, *How many years of age have you got?*

As far as Italians are concerned you <u>are</u> a man, a woman, an adult, a child, an Italian, an American, etc. but you cannot <u>be</u> a year. That's why they say *I have 13 years of age* and not *I am 13 years of age*.

So, when you are talking about your age, your family, your pets, etc. and you want to say *I have* or *I've got*, in Italian you use **ho**. When you're asking someone you call by their first name about their age, family, pets, etc. and you want to say *Have you got ...?* or *Do you have ...?*, in Italian you say **Hai ...?**

Esercizio 1
Trova una domanda e una risposta per ciascuno di questi disegni.

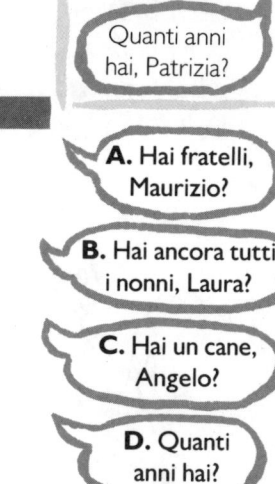

Esempio:
Quanti anni hai, Patrizia? 
Ho cinque anni.

A. Hai fratelli, Maurizio?
B. Hai ancora tutti i nonni, Laura?
C. Hai un cane, Angelo?
D. Quanti anni hai?
E. Hai una penna, per favore?

F. Ho otto anni.
G. Sì. Ho questa rossa. Va bene questa?
H. No. Ho soltanto due nonne adesso.
I. Sì. Ho un fratello e una sorella.
J. No, ma ho un gattino.

Esercizio 2
Per ogni risposta trova una domanda adatta.

Esempio: 
Susanna, hai un francobollo, per favore?
Ho soltanto questo francobollo da 700 lire.

1.  Luigi, _____?
   Sì. Un cane e un pesce rosso.
2.  _____, Andrea?
   Quattordici.
3.  Dimmi, Daniela, _____?
   Sì. Ne ho due. Uno si chiama Marco e l'altro si chiama Luca.
4.  Senti, Simone, _____?
   Sì, certo. Tutte le matite sono lì, sul tavolo.
5.  Massimo, _____?
   Un biglietto d'autobus? Un momento ... sì. Uno solo?

Esercizio 3
How many of your partner's belongings can you find out about in one minute?

Esempio:

Tu: Hai un quaderno di italiano?
Partner: Sì.
Tu: Hai un libro di inglese?
Partner: No.

Score one point for each possession you guess correctly.

Esercizio 4
You are writing a letter introducing yourself to the Italian family with whom you are going to stay.
Tell them your age, how many brothers and sisters you have and mention any animals you have at home.

```
                         Edimburgo, 7 giugno
Cari amici,
      Vi scrivo questa lettera
per presentarmi un po'. Mi chiamo
```

[Speech bubbles from illustrations:]

Avete delle cartoline, per favore?

Sì. Abbiamo queste qui del duomo.

Avete una pianta di Rimini, per favore?

Sì. Abbiamo questa piccola o questa più grande.

Avete dei gelati, per favore?

Sì... abbiamo vaniglia, cioccolato, fragola, pesca, limone, arancia, nocciola, pistacchio, caffè...

Avete and abbiamo

Look carefully at the sentences above. The customers want to know if the people they are speaking to have got certain items.

Did you notice how these people said *Have you got...?* This time they used **Avete...?**

You use **Avete...?** when you are talking to more than one person or when you are talking to someone in a shop or office. What you mean, then, is *Have you (and the other representatives of the business) got...?*

How did the shop assistants and the waiter say *We've got...?* They used **Abbiamo**.

Esercizio 1

You go into a number of shops and offices and ask if they have got certain items. What would you say to the people serving if you wanted these things?

Esempio: LISTA CAMPEGGI   Avete una lista dei campeggi, per favore?

1. [700 ITALIA stamp]
2. [Rimini brochure]
3. [cap]
4. [croissant]
5. [newspaper]
6. [Chianti bottle]

You would also use **Avete** when speaking to your Italian penfriend when you want to find out more about the family. For example you would say **Avete degli animali a casa?** to mean *Do you (and your family) have any animals at home?*

Esercizio 2

How would you ask if your penfriend and his/her family had these animals at home?

Esempio: [dog]   Avete un cane a casa?

1. [cat]
2. [tortoise]
3. [rabbit]
4. [fish]
5. [bird]

How would your penfriend reply according to the pictures below?

Esempio:

[dog] ✓ BEN   Sì. Abbiamo un cane. Si chiama Ben.

1. [two cats] ✓
2. [tortoise] ✗
3. [rabbit] ✗
4. [fish] ✗3 ✓
5. [bird] ✓ CALLAS

Esercizio 3

In Italian you can tell whether someone is asking a question of one person (**Hai...?**) or of more than one person (**Avete...?**). Here everyone seems to be talking at once. Can you match up the questions with the right answers?

a. Sì. Ho un coniglio e una tartaruga.

b. Sì. Abbiamo una sorella.

c. Hai degli animali a casa?

d. Avete degli animali a casa?

e. Avete altri fratelli?

f. Hai fratelli?

g. No. Non abbiamo animali.

h. Sì. Ho un fratello e una sorella.

Ha and hanno

It's not always a good idea to talk about yourself all the time! You'll probably want to tell your Italian friends about your brothers and sisters, your parents, your friends and your favourite pop stars, actors, etc. Can you remember how to talk about other people and their ages, relatives and pets, etc.?
Look at the sentences below:

- Mio fratello **ha** nove anni. Si chiama Filippo.
- Angela **ha** un cane ed un gatto.
- Lucia e Alessia **hanno** dodici anni. Sono gemelle.
- Paolo non **ha** animali a casa.
- Roberto e Antonio **hanno** un computer a casa.
- Lucia e Franco non **hanno** più i nonni.

Can you tell when to use **ha** and when to use **hanno**?
Ha means *he's got* or *she's got* and you use it when you are talking about someone else.
Hanno means *they've got* and you use it when you are talking about more than one other person.

Esercizio 1
Fill in the gaps in these sentences with either **ha** or **hanno**.

1. Lorena _____ diciannove anni e abita a Roma.
2. Paola e Arianna non ___ un cane ma ___ un gattino.
3. I miei nonni _____ ottant'anni.
4. Emanuele _____ un poster di Eros Ramazzotti.
5. Il fratello di Francesco ___ due figlie, Silvana e Marilena.

Esercizio 2
Write a sentence about the people below.

Esempio:

Gianluca ha quindici anni e ha un cane.

Barbara e Elisabetta hanno quattordici anni e hanno due gatti.

1. Sabrina 16
2. Diego Giuseppe 13
3. Roberto 17
4. I Perri
5. Claudio 15

Esercizio 3
Write down as much information as you can about three people in your class.
Exchange information with your partner and see if you can identify the three people he/she has written about.

Esempio:

> Questa persona ha quindici anni.
> Ha un fratello e una sorella.
> Ha un gatto.
> Ha lo zainetto rosso.
> Ha molte penne.
> Non ha un quaderno. Chi è?

Ha and hai

In Italian you also use **ha** when you are talking to someone whom you would not normally address by their first name. For example, teachers, parents of your penfriend, older people, strangers, etc. You only use **hai** when you are talking to friends, relations, children and animals.

Esercizio 1
The questions which follow were all asked by an Italian boy called Giuseppe, during a day at school.
Which questions did he ask <u>friends</u> and which are questions which he asked his <u>teacher</u>?

Esempio:
Hai una penna? = Friend

1. Ha il mio quaderno d'inglese?
2. Hai una matita rossa?
3. Quanti anni hai esattamente?
4. Ha degli animali a casa?
5. Non hai una sorella?
6. Hai cento lire, per favore?
7. Non ha un biglietto per l'autobus?
8. Ha un altro foglio di carta, per favore?

Esercizio 2
If you were asking these people about their family, animals and possessions would you say **hai** or **ha**?

Esempio: Ha

1. ___ 2. ___ 3. ___ 4. ___ 5. ___ 6. ___

Esercizio 3

Write down how you would ask these people if they have got these items.

Esempio: Hai una penna?

1. 2. 3. 4. 5.

Sommario

This table summarises what you have learnt in this section.

Ho	I've got ... I have ...	Ho sedici anni.
Hai	You've got ... You have ... *(talking to someone you call by their first name)*	Quanti anni hai?
Ha	He's got ... He has ... She's got ... She has ... You've got ... You have ... *(talking to a stranger or someone older than you)*	Pietro ha un cane. Luisa ha due sorelle. Signora, ha una penna?
Abbiamo	We've got ... We have ...	Non abbiamo animali a casa.
Avete	You've got ... You have ... *(talking to more than one person, or someone in a shop or office)*	Avete un dépliant su Rimini, per favore?
Hanno	They've got ... They have ...	Claudio e Lorenzo hanno un corrispondente in America.

Talking about the family: **mio, tuo, suo**

Mio and **Mia**

Here is an Italian girl commenting on a photo of her family.

> Ecco mio padre.
> Questo è mio fratello.
> Ecco mia madre.
> Questa è mia sorella.
> Qui ci sono mio nonno e mia nonna ...
> ... e questo è mio zio.

To say *my* when referring to one person, she uses either **mio** or **mia**.
By looking at the examples, can you see when Italians use **mio** and when they use **mia**?

> Use **mio** before **il** words (masculine)
> Use **mia** before **la** words (feminine)

Esercizio 1

Fill in the gaps in this letter in which an Italian boy describes his family:

> Ho un fratello e una sorella. _____ fratello si chiama Enzo. _____ sorella ha soltanto 8 anni e si chiama Rita. _____ madre si chiama Iole, e _____ padre si chiama Ernesto. _____ nonno si chiama Vincenzo. È molto vecchio, ha 92 anni!

Tuo and **Tua**

The words for *your* when you are talking to someone whom you address by their first name are **tuo** and **tua**. They work in the same way as **mio** and **mia**.

> Come si chiama tuo fratello?
> Si chiama Sebastiano. Come si chiama tua sorella?
> Si chiama Rosella.

Anna 74 anni | Alberto 44 anni | Simona 45 anni | Zio Davide 36 anni | Francesca 16 anni | Teresa 13 anni

La Famiglia Della Mia Corrispondente

La mia corrispondente italiana si chiama Francesca. Ha una nonna, un padre, una madre, uno zio e una sorella. Sua nonna si chiama Anna e ha 74 anni. Suo padre si chiama . . .

Esercizio 3
Can you complete the description of an Italian girl's family above?
The picture clues will help.

What is mine, yours, his and hers: il mio, il tuo, il suo

Although Italians say **mio**, **tuo** and **suo** when talking about a member of the family, when they talk about things, or other people who are not relatives, they say **il mio**, **il tuo** and **il suo**:

- Ecco il mio indirizzo.
- Come si chiama il tuo cane?
- Questo è John, e questo è il suo corrispondente Paolo.

Similarly, instead of **mia**, **tua** and **sua**, they say **la mia**, **la tua** and **la sua**:

- La mia famiglia è grande.
- Grazie per la tua lettera.
- John dice che la sua professoressa è molto brava.

Esercizio 1
Your sister has a whole menagerie of pets! You are showing an Italian friend a photo of them all. Can you fill in the gaps?

una tartaruga · una vipera · una colomba

Mia sorella Susanna ha tanti animali! Ecco il suo gatto,
ecco _____ cane, ecco _____ tartaruga,
ecco _____ canarino, ecco _____ criceto,
ecco _____ vipera, ecco _____ colomba,
ecco _____ pesce rosso.

Comic (lost boy at the swimming pool)

1. Chi è questo bambino? È ___(1)___ fratello?
   No, non è ___(2)___ fratello. Come ti chiami?
   Giuseppe.
2. Dov'è ___(3)___ madre, Giuseppe?
   ___(4)___ madre sta a casa. Ma ___(5)___ sorella è qui in piscina.
3. Come si chiama ___(6)___ sorella?
   Barbara.
4. Vieni, andiamo a trovare ___(7)___ sorella.
   Eccola! Barbara, Barbara!

Esercizio 2
What are the missing words in the story above, about a lost little boy at the swimming pool?

Suo and Sua
In Italian, you use the same word for both *his* and *her*:

Questo è Luciano. — Questa è Tania.
Questo è suo fratello Antonio — Questo è suo fratello Riccardo
e questa è sua sorella Maria. — e questa è sua sorella Manuela.

The only way to tell whether someone is saying *his* or *her* is to listen to the overall meaning of what is said. In the above example, which words mean *his*? And which mean *her*?

Suo and **sua** work in the same way as **mio** and **mia**, and **tuo** and **tua**:

suo fratello = *her* brother or *his* brother
sua sorella = *her* sister or *his* sister
sua madre = *her* mother or *his* mother
suo padre = *her* father or *his* father

Esercizio 2

Two Italian schoolchildren, Gabriella Santini and Maurizio Pirelli, are sorting through their belongings. They've all got mixed up. Can you finish what Gabriella is saying?

Ecco il mio quaderno, ecco la tua penna, ecco ....

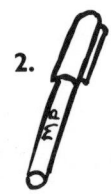

1. Hai visto i miei quaderni?
2. Hai visto i quaderni di Giulio?
3. Hai visto i francobolli di Marisa?
4. Hai visto i miei panini?
5. Hai visto i miei soldi?
6. Hai visto i pesci rossi di Luca?

— E adesso lasciatemi in pace!

Plurals: i miei, i tuoi, i suoi

When you are referring to more than one person or thing, if it's an **i** word (masculine plural), you say **i miei**, **i tuoi** and **i suoi**. This applies equally to relatives and to other people and things.

Dove sono i tuoi libri?

I miei fratelli si chiamano Franco e Michele.

Paolo è in Italia con i suoi genitori.

Esercizio 1

Your family keeps pestering you! How do you reply?

Esempio:
Hai visto i miei libri?
<u>No, non ho visto i tuoi libri.</u>
Hai visto i libri di Giulio?
<u>No, non ho visto i suoi libri.</u>

Have you seen my books?
No, I haven't seen your books.
Have you seen Giulio's books?
No, I haven't seen his books.

Le mie/le tue/le sue

When you are referring to more than one person or thing, including relatives, if it's a **le** word (feminine plural) you say **le mie**, **le tue** and **le sue**:

Le mie sorelle si chiamano Diana e Paola.

Grazie per le tue lettere.

Il professore ha dimenticato le sue penne.

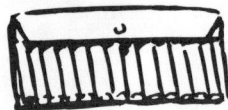

Esercizio 2

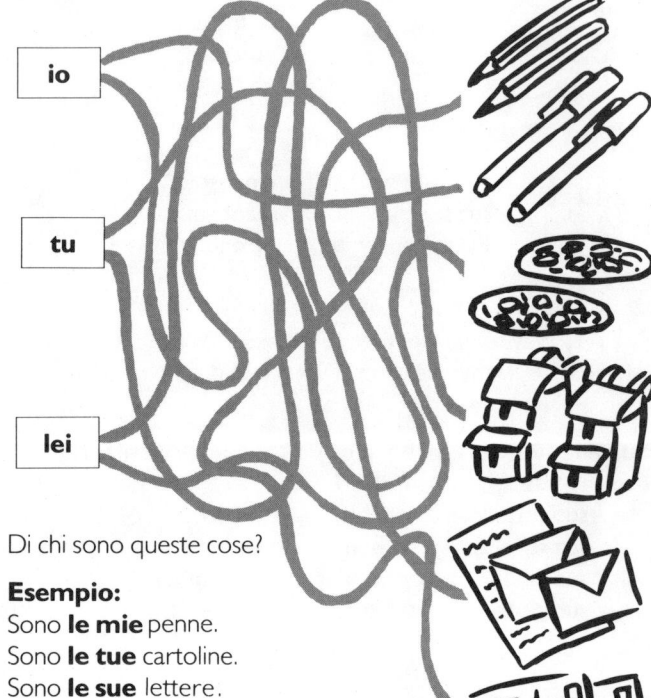

io

tu

lei

Di chi sono queste cose?

Esempio:
Sono **le mie** penne.
Sono **le tue** cartoline.
Sono **le sue** lettere.

Cara Letizia,
    Tante grazie per _____ lettera. Sono contenta che _____ madre va meglio. Come stanno _____ fratelli e _____ nonno?
    In questo momento _____ sorella è in America! Sta per cinque settimane a San Francisco da _____ zio e _____ zia.
    Mio fratello è triste perché _____ canarino Jerry è morto. _____ pesci rossi si chiamano Fred e Ginger. Come si chiama _____ gatto?
    Spero che capisci _____ italiano!
        Tanti auguri,
        Heather

Esercizio 3

Can you fill in the gaps in the letter above?

Sommario

	il words	**la** words	**i** words	**le** words
my	**il mio** (**mio** for a relative)	**la mia** (**mia** for a relative)	**i miei**	**le mie**
your (first name terms)	**il tuo** (**tuo** for a relative)	**la tua** (**tua** for a relative)	**i tuoi**	**le tue**
his or her	**il suo** (**suo** for a relative)	**la sua** (**sua** for a relative)	**i suoi**	**le sue**

2a Unità

Infinitives

Look carefully at these instructions for using a public telephone in Italy. Can you work out what all the underlined words are associated with?

CHIAMATE URBANE ED INTERURBANE

1. <u>Introdurre</u> gettoni e/o monete in quantità sufficiente.
2. <u>Sollevare</u> il ricevitore ed <u>attendere</u> il segnale di centrale.
3. <u>Comporre</u> il numero desiderato preceduto da eventuale prefisso.
4. All'apposito segnale sonoro <u>introdurre</u> altri gettoni e/o monete.
5. <u>Riagganciare</u> il microtelefono al termine della conversazione.
6. Per ritirare gettoni e/o monete residui <u>premere</u> più volte il tasto.

Did you notice that each of the underlined words refers to the actions you need to make in order to use the pay phone? These words are all *verbs*.

introd**urre**
sollev**are**
attend**ere**
comp**orre**

Look carefully at the endings of these verbs:

When you look up Italian verbs in a dictionary, the dictionary will give the form which ends in this way. You will also find verbs which end in **-ire**, such as **spedire** (to send) and **capire** (to understand).

English dictionaries always give the form of the verb which has *to* in front of it.

e.g.   to wait   to press   to lift

Can you match the dictionary forms of these verbs?

1. introdurre 4. andare   **A.** to repeat   **D.** to take
2. prendere   5. cambiare **B.** to play   **E.** to go
3. ripetere   6. giocare   **C.** to insert   **F.** to change

The dictionary form of the verb is called *the infinitive*.
In Italy, signs, notices and leaflets giving instructions often use the dictionary form of the verb in order to tell you what to do.

Find and copy the verbs which are used to tell you what to do in these instructions.

1. Sganciare, inserire la carta e selezionare il numero.
2. Riagganciare e ritirare la carta.
3. Carta in esaurimento. Inserire una nuova carta.

Written instructions

In formal, written instructions the dictionary form of the verb is often used *on its own* to tell you what to do. Can you work out what instructions are given by these verbs?

Spoken instructions

Look at these sentences. Can you tell what happens when someone is giving spoken instructions to another person?

Scusi, mi sa dire dov'è l'ufficio postale, per favore?
Sì, deve prendere la seconda a sinistra; è sulla destra.

Scusi, c'è un autobus che va alla stazione, per favore?
Sì, deve prendere il numero otto.

Scusi, mi sa dire dov'è il mercato, per favore?
Sì, deve girare a destra qui, e poi **deve continuare** sempre dritto. È a cinquecento metri.

Did you notice that when you give spoken instructions to a stranger or to someone older than yourself, you use **deve** before the dictionary form of the main verb? **Deve** means
you have to . . . you need to . . . you must . . .

Here are some more examples. What do these people have to do?

1. Per i biglietti per l'autobus, <u>deve andare</u> all'edicola.
2. La Banca Commerciale è in Piazza Saffi. <u>Deve prendere</u> la prima a destra; la Banca Commerciale è sulla sinistra.
3. Prima, <u>deve introdurre</u> le monete.
4. Per informazioni sui programmi 'Co-optur', <u>deve spedire</u> questo coupon a: 'Co-optur', Via Po, 3, Rimini.

If you are giving instructions to someone whom you normally address by their first name, you use **devi**.

> Matilde, <u>devi parlare</u> più lentamente . . . non capisco.

Esercizio 1
An Italian visitor to this country is trying to find his way to various places in town. What directions would you give him to help him out? You will need to use these expressions:

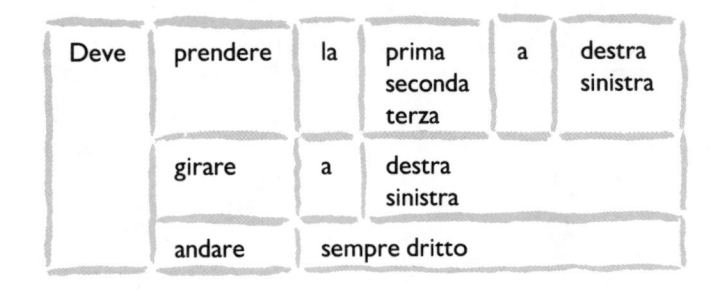

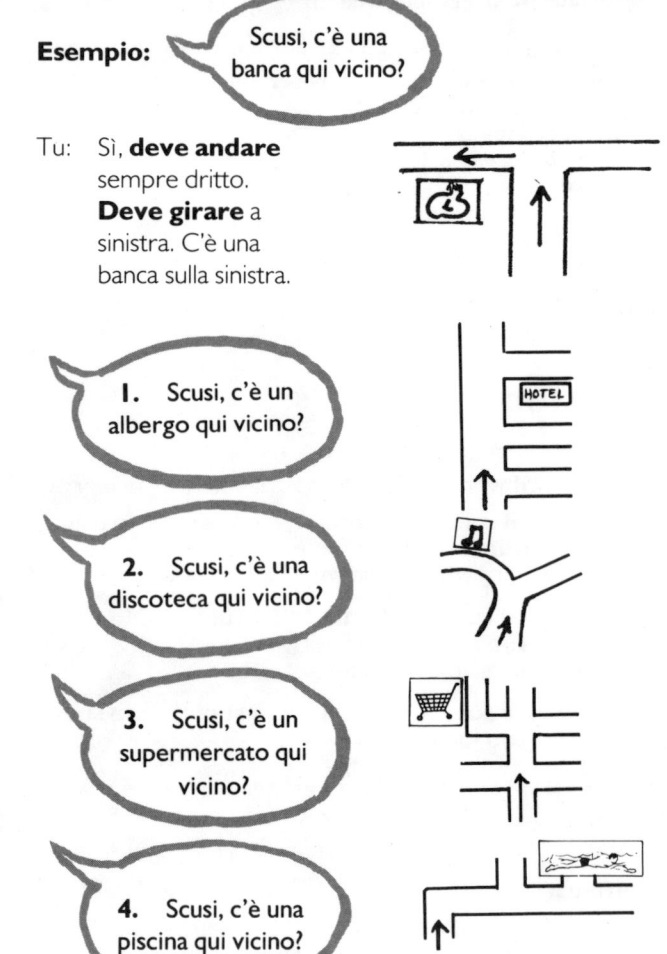

Deve	prendere	la	prima seconda terza	a	destra sinistra
	girare	a	destra sinistra		
	andare	sempre dritto			

Esempio:
> Scusi, c'è una banca qui vicino?

Tu: Sì, **deve andare** sempre dritto. **Deve girare** a sinistra. C'è una banca sulla sinistra.

1. Scusi, c'è un albergo qui vicino?
2. Scusi, c'è una discoteca qui vicino?
3. Scusi, c'è un supermercato qui vicino?
4. Scusi, c'è una piscina qui vicino?

Esercizio 2
Your Italian friend wants to phone her parents in Italy from a public call box but she is not entirely sure what to do. Use the key verbs in the Italian instructions on page 105 to help you explain what to do.

Esempio:
> You have to lift the receiver.
>
> **Devi sollevare** il ricevitore.

Esercizio 3
Look carefully at these two sets of directions an Italian girl gave for finding her house. She gave one set of directions to a school friend who was going to walk and she gave the other set to her friend's mother who was going to collect her later in the car.

> Allora, quando arriva alla stazione, deve girare a sinistra. Deve continuare sempre dritto. All'Ufficio Turistico deve girare a destra e poi deve prendere la prima a destra. Deve andare sempre dritto. La mia casa si trova sulla sinistra; numero 10.

> Allora, alla stazione devi girare a sinistra. Devi continuare sempre dritto e poi devi prendere la seconda a destra. Devi prendere il sottopassaggio e poi devi girare a destra. La mia casa è sulla sinistra; numero 10.

Can you tell which directions she gave to her friend and which directions she gave to her friend's mother?

Draw a diagram to illustrate the route each of them would have to take.

Can you work out what happens when you give instructions to more than one person? Look at these sentences in which a courier is giving directions and instructions to groups of tourists.

Per andare a Fiabilandia, **dovete prendere** l'autobus; il numero nove.

Per andare alla spiaggia, **dovete andare** sempre dritto; all'Ufficio Turistico **dovete girare** a destra. La spiaggia è a cinque minuti di là.

Per i biglietti per l'autobus **dovete andare** alla biglietteria – proprio davanti alla stazione.

When you are giving instructions to more than one person you use **dovete** + *the dictionary part of the verb.*

Esercizio 4
Write down the instructions you would give a group of Italian friends so that they could find your house. Give them directions from somewhere central such as the station, the market, etc.

Per andare a casa mia dalla stazione, dovete ......

Sommario

1. When you look up a verb in the dictionary, the Italian word will end in one of these ways:
   - are   - ere   - ire   - orre   - urre

2. In written instructions such as signs and notices, this is the form of the verb which is used to tell you what to do.

3. If you want to give instructions to people, use:

   devi + dictionary form of key verb
   (when talking to someone you call by their first name)

   deve + dictionary form of key verb
   (when talking to a stranger or an older person)

   dovete + dictionary form of key verb
   (when talking to more than one person)

3ª Unità

Del, della, dell', dello, dei, delle and degli

You have probably noticed Italians saying things like this:

- Mi dà **dei** biscotti, per favore.
- Queste signore comprano **della** verdura.
- Ha **dello** zucchero?
- Ci sono **degli** spaghetti?
- Andiamo a fare **del** windsurf.
- Mangi **delle** paste per merenda?
- Ci vuole **dell'**uva?

Del, **della**, **dell'**, **dello**, **delle**, **dei** and **degli** often mean *some* or *any*.
Which one you use depends on the word that comes next.

Del
Here are some more examples. Can you work out why these people say **del** each time?

- Vorrei **del** formaggio, per favore.
- Hai **del** pane?
- Gianni mangia **del** prosciutto.
- Per il pranzo gli italiani qualche volta bevono **del** vino.

Del is used with **il** words (masculine singular):

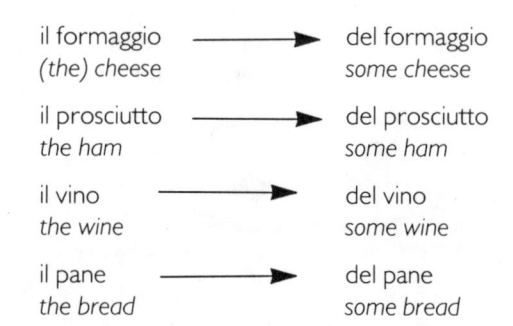

il formaggio	→	del formaggio
(the) cheese		*some cheese*
il prosciutto	→	del prosciutto
the ham		*some ham*
il vino	→	del vino
the wine		*some wine*
il pane	→	del pane
the bread		*some bread*

Esercizio 1
What will you buy for your picnic? Discuss with a partner which of these items you need:

Esempio:

A: Ci vuole **del formaggio**. D'accordo?
B: Va bene. E ci vuole **del pane**. Ma non ci vuole **del caffè**.

> Generalmente per primo mangio **della** pastasciutta.
>
> Mangi **della** marmellata con il pane?
>
> Vuoi **della** frutta?
>
> Vado a comprare **della** pizza.

Della
Here are some more people talking about food, but the word for *some* or *any* has changed. Can you see why?

Della is used with **la** words (feminine singular):

la marmellata	→	della marmellata
the jam		*some jam*
la frutta	→	della frutta
the fruit		*some fruit*

Esercizio 2

Matilde non scrive bene. Preferisce fare dei disegni! Guarda la sua lista. Che cosa vuol comprare?

Comincia così:
"Matilde vuol comprare della frutta, della marmellata, …"

Dell'
Here are some examples of people using **dell'**. What do you notice about the word that comes after **dell'**?

> Hai **dell'**aranciata?
>
> Vado a comprare **dell'**uva.
>
> Mi dà **dell'**olio, per favore.

Dell' is used with **l'** words, both masculine and feminine words which start with a vowel, **a**, **e**, **i**, **o** or **u**:

l'aranciata	→	dell'aranciata
the orange juice		*some orange juice*
l'uva	→	dell'uva
the grapes		*some grapes*
l'olio	→	dell'olio
the oil		*some oil*

Il bruco goloso

Un giorno un piccolo bruco si trova in mezzo ad una bella merenda. Il bruco ha molta fame. Mangia **della** frutta, _____ prosciutto, _____ formaggio, _____ pizza, _____ uva e _____ pane, e beve _____ caffè, _____ aranciata, _____ birra e _____ vino rosso. Adesso non è più piccolo, è grosso!

Esercizio 3
Can you fill in the gaps in this children's story about a greedy caterpillar?

Delle
Now you know that **del** goes before **il** words, **della** before **la** words, and **dell'** before **l'** words, perhaps you can guess which word is missing from this conversation in a restaurant?

> Cosa prendiamo?
>
> Per me, _____ patate fritte.
>
> Io prendo _____ lasagne.
>
> Per me, _____ fette di prosciutto.

The missing word is **delle**.
You use **delle** before **le** words (feminine plural):

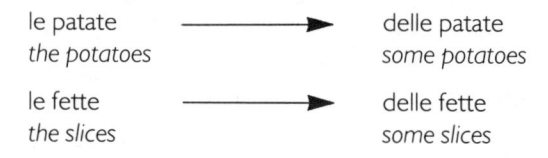

le patate	→	delle patate
the potatoes		*some potatoes*
le fette	→	delle fette
the slices		*some slices*

Esercizio 4
Not all words that end in **-e** are **le** words! Can you spot the intruders? What does this lady say to the shopkeeper?

pesche, tè, arance, pane, banane, carne, pesce, caffè, paste

"Buongiorno, vorrei **delle** pesche, **del** tè, _____"

Dei
Look at what this shopkeeper is saying as he checks his stock:

> Abbiamo dei biscotti, dei pomodori, dei gelati, dei piselli …

You use **dei** with **i** words (masculine plural):

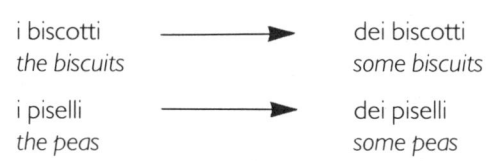

i biscotti → dei biscotti
the biscuits   *some biscuits*

i piselli → dei piselli
the peas   *some peas*

Esercizio 5
Make a list of as many things as you can think of which could start with **dei**. The pictures may give you some clues.

Esempio:
dei cappuccini, dei pesci ...

1. 2. 3. 4. 5. 6. 7. 8. 9.

Dello and degli
These are the last two. Though they aren't used as often as the others, it's important to know them.

Dello is used for **lo** words:
lo zucchero → dello zucchero
the sugar   *some sugar*

Degli is used for **gli** words:
gli spaghetti → degli spaghetti
the spaghetti   *some spaghetti*

gli spinaci → degli spinaci
the spinach   *some spinach*

You can practise these, as well as all the others, in the next exercise.

Esercizio 6
For this exercise, work with a partner, taking turns to be the shopkeeper and the customer.

A: Complete this 'shopping list'. Then ask your partner if he/she stocks each item in his/her shop.

B: Make a list in Italian of fifteen items that your shop sells. When your partner asks, say whether or not you stock the item mentioned.

Esempio:
A: Buongiorno. Per favore, ha **del pane**?
B: No, mi dispiace, non ne abbiamo.
A: Ha **della frutta**?
B: Sì, certo.

Non dimenticare!
del _____
dei _____
della _____
dell' _____
delle _____
dello _____
degli _____

Now swap roles.

Sommario

This grid sums up the different words for *some* or *any*:

THE	SOME or ANY	EXAMPLE
il	del	del formaggio
la	della	della frutta
l'	dell'	dell'uva
le	delle	delle patate
i	dei	dei biscotti
lo	dello	dello zucchero
gli	degli	degli spaghetti

'They' endings

In this unit you have read . . .

Molti italiani **pranzano** a casa.
Generalmente, **mangiano** la minestra.
Gli italiani **cenano** fra le sette e mezza e le nove.
Ecco un gruppo di ragazzi che **comprano** della frutta.
Quanto **pagano**?
Cinque ragazzi **rispondono** alle domande.
Gli adulti qualche volta **prendono** il tè.
Per merenda, generalmente **bevono** un succo di frutta.

The verb ending for *they* in Italian is usually either **-ano** or **-ono**. You have to put this ending on the verb whenever you mean *they*, even if you have already mentioned the people involved.

Esempio:
Carlo e Maria **mangiano** dei panini.
Carlo and Maria eat some rolls.

Dove **comprano** i panini?
Where do they buy the rolls?

Esercizio 1
Here is a page of an Italian girl's photograph album. Copy out the captions in the right order, so that they fit the photos.

Esempio:
1. Beve un'aranciata.

Captions

Comprano delle cartoline.   Scrivono delle lettere.
Scrive una cartolina.   Pranzano al ristorante.
Beve un'aranciata.   Paga il conto.

La mia famiglia in vacanza

Mio fratello

Mio fratello Paolo mangia un gelato.

I miei genitori

I miei genitori bevono del vino rosso.

To decide whether the ending is **-ano** or **-ono**, you need to know the dictionary form of the verb. As you will remember, the dictionary form of the verb is called the *infinitive*. Here are the infinitives of the verbs in the examples so far:

they ending	*infinitive*
pranzano	pranzare
mangiano	mangiare
cenano	cenare
comprano	comprare
indicano	indicare
rispondono	rispondere
prendono	prendere
bevono	bere
scrivono	scrivere

Can you work out a rule by looking at the examples?

All infinitives which end in **-are** use **-ano** as their *they* ending. Other verbs use **-ono**.

Esercizio 2
Fill in the gaps in this story about an afternoon and evening in the life of two Italians. The infinitives of the verbs you need are in the box.

prendere, bere, mangiare,
cenare, comprare, pranzare

Marco e Sandra _____ all'una.

_____ della carne, delle patate fritte e della frutta.

_____ del vino bianco.

Dopo pranzo, _____ dei libri.

Alle cinque _____ il tè.

_____ alle otto.

Sommario

~ The verb ending for *they* is usually **-ano** or **-ono**.
~ Infinitives which end in **-are** use **-ano**.
  Other verbs use **-ono**.

Esempio:

abitare	to live	prendere	to take
abitano	they live	prendono	they take
mangiare	to eat	scrivere	to write
mangiano	they eat	scrivono	they write
comprare	to buy	rispondere	to answer
comprano	they buy	rispondono	they answer

Abitare and other -are verbs

When you say **Abito in una casa** or **Abito in un appartamento**, you are using part of the verb **abitare**. **Abitare** is the infinitive of the verb, that is, the way it is written in a dictionary. There are many verbs in Italian whose infinitives end in **-are**. Here are some **-are** verbs you have met so far:

chiamare	to call	trovare	to find
ricordare	to remember	nuotare	to swim
parlare	to speak	comprare	to buy
pranzare	to have lunch	ascoltare	to listen
cenare	to have supper	guardare	to look at
girare	to turn	lavorare	to work

Abito and abiti

These people are talking about where they live. What is the difference between **abito** and **abiti**?

- Dove abiti?
- Abito a York. E tu, dove abiti?
- Abito a Londra.

Abito means *I live*.
Abiti means *you live* (when you're talking to a person you call by their first name).

Almost all other **-are** verbs follow the same pattern as **abitare**.

Esercizio 1

Can you link each of the sentences to its meaning in English?

1. Abito a Rimini.
2. Abiti a Rimini.
3. Trovo il mio passaporto.
4. Pranzo a mezzogiorno.
5. Parli italiano?
6. Ascolti la radio.
7. Giro a destra.
8. Pranzi a mezzogiorno.
9. Ricordo Giovanni.
10. Chiami tuo fratello.
11. Trovi il tuo passaporto.
12. Ascolto la radio.
13. Giri a destra.
14. Parlo italiano.
15. Ricordi Giovanni?

a. Do you remember Giovanni?
b. You listen to the radio.
c. I live in Rimini.
d. You find your passport.
e. I listen to the radio.
f. You live in Rimini.
g. I speak Italian.
h. You call your brother.
i. I have lunch at midday.
j. You turn right.
k. Do you speak Italian?
l. You have lunch at midday.
m. I turn right.
n. I remember Giovanni.
o. I find my passport.

Abiti and abita

Here are two more people talking about where they live. Why do you think they use **abita** instead of **abiti**?

- Dove abita, signora?
- Abito a Napoli. E Lei, dove abita?
- Abito a Firenze.

Abita means *you live* when you are speaking to someone you would address as **signore**, **signora** or **signorina**. This includes your friend's parents, other adults like teachers, and people you come into contact with about town, such as shop assistants, waiters, bus drivers, museum attendants, and bank or tourist office employees.
What is the word for *you* which goes with **abita**? (Look back at the example.)

Esercizio 2

Fill in the gaps in these conversations. Be careful! You need to decide whether the people are on first-name terms or not.

Choose from these verbs:
ascolta ascolti
parla   parli
chiama   chiami
abita   abiti
gira   giri
pranza   pranzi

1. Dove _____, signora?
   Abito a Venezia.

2. _____ inglese?
   Sì, un po'. E tu?

3. Lei, a che ora _____, signorina?
   Generalmente pranzo verso l'una.

4. _____ spesso la radio, Stefano?
   Sì, ogni giorno.

5. Perché _____ a sinistra, Carla?
   Perché la discoteca è qui.

6. Scusi signore, come si _____?
   Mi chiamo Enrico.

More about **abita**

Abita doesn't always mean *You live*. Look at the following examples. What else can it mean?

Teresa abita in una casa.
Edoardo abita in un appartamento.
Il cane abita nel garage.

Abita can mean *he lives, she lives* or *it lives*, and verbs like **parlare**, **trovare**, etc., follow the same pattern.

Esercizio 3
Here is an account of how an Italian boy spends his time. Copy it out, filling in the gaps. Choose the missing words from the box below.

Io ho un fratello. Si ____ Roberto. ____ a Rimini. È cameriere e ____ in un bar: ____ verso mezzogiorno. Per il pranzo ____ dei panini. Generalmente dopo pranzo ____ nel mare, o ____ con i suoi amici. ____ verso le otto, e dopo cena ____ la radio o ____ la televisione.

| pranza | compra | parla | lavora | guarda |
| nuota | ascolta | chiama | cena | abita |

Esercizio 4
Finally, see how well you understand the different endings of **abitare** by completing this conversation with either **abito**, **abiti** or **abita**.

– Ciao! Come ti chiami?
– Michele.
– Dove ____, Michele?
– ____ a Palermo. E tu, dove ____ ?
– ____ a Benevento. Questa è mia madre.
– Piacere! ____ anche Lei a Benevento, signora?
– No, ____ a Roma con mio figlio.
– Davvero! Anche mia madre ____ a Roma.

Sommario

– Many verbs end in – **are** in the infinitive.
– They follow a similar pattern.

ABITARE = to live

[io] abito — I live
[tu] abiti — you live (*informal*)
[lui] abita — he lives
[lei] abita — she lives
[Lei] abita — you live (*formal*)

ASCOLTARE = to listen (to)

ascolto — I listen
ascolti — you listen (*informal*)
ascolta — he listens
ascolta — she listens
ascolta — you listen (*formal*)

6ª Unità

Using **lo, la, li, le**

Look at the following questions and answers.
Each question has two answers.
The answers to each question have the same meaning.
What is the difference between the two answers?

Commessa: Allora, prende questo portafoglio?
Turista: Sì, prendo questo portafoglio.
Sì, lo prendo.

Commessa: Allora, prende la borsa nera?
Turista: Sì, prendo la borsa nera.
Sì, la prendo.

Commessa: Prende questi orecchini qui, allora?
Turista: Sì, prendo questi orecchini qui.
Sì, li prendo.

Commessa: Prende queste due sciarpe, allora?
Turista: Sì, prendo queste due sciarpe.
Sì, le prendo.

In each case, the second answer is shorter than the first.
You can use **lo** and **la** to mean *it* and **li** and **le** to mean *them*.
This can make answering questions much quicker, shorter and simpler.
Look at some more examples.
Can you tell when to use each of the four words?

Commessa: Le piace il poster?
Turista: Sì, molto. Lo prendo.

Commessa: Le piace la cintura?
Turista: Sì, molto. La prendo.

Commessa: Prende i poster della spiaggia?
Turista: Sì, li prendo.

Commessa: Prende le caramelle al cioccolato?
Turista: Sì, le prendo.

You use **lo** to save you repeating a word which takes **il** or **lo**, or an **l'** word which ends in **-o**.
You use **la** to save you repeating a word which takes **la** or an **l'** word which ends in **-a**.
You use **li** to save you repeating a word which takes **i**.
You use **le** to save you repeating a word which takes **le**.

Esercizio 1
Look at these questions and answers.
Which word(s) in the question did the tourist avoid repeating in her answer by using **lo**, **la**, **li**, **le** instead?

Esempio:
Commesso: Allora, signora, Le piace la T-shirt bianca?
Turista: Sì, mi piace molto. **La** prendo.

La saved her repeating **la T-shirt bianca.**

1. Allora, prende questi orecchini azzurri?
   Sì, **li** prendo.
2. Ti piace la borsa marrone?
   No. Non mi piace. Non **la** prendo.
3. Come sono quelle caramelle alla fragola?
   Buonissime! **Le** prendo.
4. È proprio bello quell'ombrello giallo e verde. Non ti piace?
   Sì. Sì. Mi piace moltissimo. **Lo** prendo.

Have you noticed where the **lo**, **la**, **li**, **le** word goes in the sentence?
It goes before the verb:

Non mi piace. Non **lo** prendo.
Va bene. **La** prendo.

Ci porti il conto, per favore?
Sì. **Lo** porto subito.

Esercizio 2
The waiter in this **pizzeria-ristorante-gelateria** is recommending various items on the menu to his customers. How would each customer reply?

Esempio:
Cameriere: **La pizza quattro stagioni** è molto buona!
Cliente: Va bene. **La** prendo, allora.
Cameriere: **Le lasagne** sono proprio buonissime oggi.
Cliente: No, non mi piacciono. Non **le** prendo.

1. **Il gelato misto** è molto buono.
   ✓✓ Va bene, _____ .
2. **Le patate al forno** sono buonissime oggi.
   ✓✓ Va bene, _____ .
3. **La pizza con funghi** è buonissima!
   ✗✗ No, non mi piacciono i funghi, _____ .
4. **La pizza gigante alla napoletana** è buona.
   ✓✓ _____ , _____ .
5. **Il risotto alla milanese** è molto buono.
   ✗✗ No, grazie. Non mi piace. _____ .
6. **I tortellini alla bolognese** sono proprio buonissimi.
   ✓✓ _____ , _____ .

Sommario

This grid sums up when to use **lo**, **la**, **li** and **le**:

il conto / lo studente / l'ombrello	lo prendo
la borsa / l'arancia	la prendo
i tortellini	li prendo
le caramelle	le prendo

More about adjectives

Do you remember how the endings of adjectives change to agree with the person or thing they are describing?

Gary è americano.

La spiaggia è lunga.

Una cartolina grande, per favore.

Un cono grande, per favore.

When you look in a dictionary, you will find that some adjectives end in **-o** and some end in **-e**.

Adjectives which end in **-o** in the dictionary use **-o** for an **il** word (masculine) and **-a** for a **la** word (feminine).

Adjectives which end in **-e** in the dictionary keep **-e** for both **il** and **la** words.

grigio	grigia	marrone
rosso	rossa	verde
nero	nera	blu*
bianco	bianca	*doesn't
giallo	gialla	change its
azzurro	azzurra	ending

Pantaloni → neri

Esercizio 1
What do you think the people staying in these houses wrote?
(Use the boxes to help you.)

Esempio:

1. Il palazzo è vecchio. L'appartamento è bello e il soggiorno è grande.

il palazzo	il bagno		vecchio/vecchia
l'appartamento	il garage		moderno/moderna
il soggiorno	il balcone		bello/bella
il giardino		è	costoso/costosa
			brutto/brutta
la casa	la terrazza		piccolo/piccola
la cucina			
la sala da pranzo			grande
la camera			elegante

Esercizio 2
Here is a designer's sketch from her new collection.
Which colours would *you* choose for the T-shirt, jumper and accessories? Choose the adjectives with the correct endings from the boxes.

Per me, i migliori colori sono:

Esempio:
una T-shirt — *rossa*

una T-shirt _____
una maglia _____
una sciarpa _____
una borsa _____
una cintura _____
un ombrello _____

Adjectives in the plural

Adjectives which end in -o in the dictionary

Have you noticed what happens to adjectives which end in **-o** or **-a** when they are describing more than one thing? Look at these examples. In what situations might you hear each of these sentences?

Questi orecchini sono belli.

Roberto e Henry sono americani.

A Rimini ci sono dei monumenti romani.

Prendo tre cartoline piccole, per favore.

Mmm! Queste caramelle sono buone.

Each adjective changes its ending to agree with the people, places or things it is describing. Here are some more examples. Can you work out a rule?

Aldo è italiano.

Stefania è italiana.

Aldo e Claudio sono italiani.

Stefania e Donata sono italiane.

Adjectives which end in -o in the dictionary
If an adjective describes two or more *masculine* people or things, it ends in **-i**.
If an adjective describes two or more *feminine* people or things, it ends in **-e**.

If one of the people you are describing is masculine and the other is feminine, the masculine is used:

Stefania e Aldo sono italiani.

The same rule applies to things:

Gli ombrelli e le sciarpe sono belli.

114

Esercizio 3

How many sensible sentences can you make by putting together items from the three boxes below?

Aldo e Stefania		americane
Queste banane		deliziosi
I miei spaghetti	sono	belle
Le tue cartoline		azzurri
Queste T-shirt		vecchi
Lidia e Rosa		piccole
		italiane

Adjectives which end in -e in the dictionary

These are the ones which don't change in the singular, and they behave differently in the plural too. See if you can work out the rule from these examples:

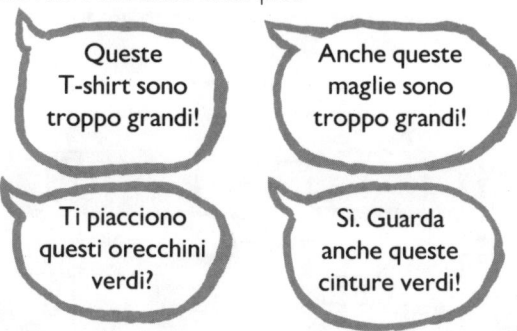

- Queste T-shirt sono troppo grandi!
- Anche queste maglie sono troppo grandi!
- Ti piacciono questi orecchini verdi?
- Sì. Guarda anche queste cinture verdi!

Adjectives which end in **-e** in the dictionary always end in **-i** when describing more than one person or thing.

Esercizio 4

Conosci le bandiere?

la bandiera irlandese

la bandiera scozzese

la bandiera inglese

la bandiera gallese

la bandiera francese

Can you guess the nationalities of these people?

Esempio: 1. Sono scozzesi.   2. È gallese.

Esercizio 5

See how well you can make adjectives agree with their nouns. An Italian girl is writing a thank-you letter to her grandmother. Can you fill in the gaps? All the words you need are jumbled up in the box underneath.

Cara Nonna,

　Mille grazie per gli orecchini. Sono molto ___(1)___ . Adesso ho una maglia ___(2)___ , una T-shirt ___(3)___ ed anche degli orecchini ___(4)___ !
　Ho una nuova amica. Si chiama Sarah, è ___(5)___ . I suoi genitori sono ___(6)___ ma abitano in Italia. Ha una sorella più ___(7)___ e un fratello più ___(8)___ . Ha anche un gatto ___(9)___ e ___(10)___ .
　Ancora tante grazie, cara nonna,

tua

Anna

| rossa | bianco | piccolo | grande | rossi |
| inglese | nero | rossa | inglesi | belli |

Sommario

We can sum up the rules about adjectives' endings like this:

	singular	plural
masculine	-o	-i
feminine	-a	-e
masculine/feminine	-e	-i

7a Unità

Lo

Nouns are the names of people, places, and things. Here are some of the nouns you have met in this unit.

il braccio	lo sciroppo
lo stomaco	il farmacista
il piede	il mal di testa

Which are the two odd ones out?

There aren't very many Italian nouns which start with **lo**, just a few hundred out of all the thousands of nouns in the language. Here are some of them:

lo stomaco (*the stomach*)   lo studente (*the student*)
lo sciroppo (*the syrup*)   lo stadio (*the stadium, football ground*)
lo sport (*the sport*)
lo scontrino (*the receipt*)

What do these words have in common?

Here are some words that *don't* start with **lo**:

il sabato	il supermercato
il signore	il sale
il sole	il soggiorno

What makes these different? Look at the first *two* letters of each word.

> The **lo** words start with **s + consonant**.

Consonants are all the letters except the vowels *a, e, i, o* and *u*.

Esercizio 1

Find all the **lo** words in this list. Copy them into your book.

Esempio: lo sport

sabato	latte	sacco
stomaco	sconto	sport
gelato	salame	studente

Here are some more **s + consonant** words. By looking at them carefully, can you guess why they don't all start with **lo**?

lo specchio (*the mirror*)   la spiaggia (*the beach*)
la scatola (*the box or tin*) lo spettacolo (*the performance*)

Feminine (**la**) words stay the same, however they start. It's only ever masculine words which start with **lo**. To help you decide whether a noun needs to start with **lo** or **la**, remember most masculine words end in **-o** and most feminine words end in **-a**.

Esempio: 1. Dov'è la stazione?

stazione	scontrino
sciroppo	spiaggia
specchio	stadio
scatola	scala

Esercizio 2

Ask where each of these things is. Choose from the words in the box above.

Other **lo** words

Masculine words which start with a **z** also take **lo**, **e.g.** lo zio, lo zucchero.

Sommario

Here is a flow chart which sums up when to use **lo**.

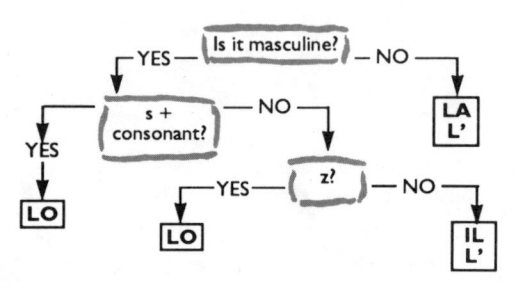

Esercizio 3

Can you spot all seven **lo** words in this list? Find them and copy them.

Sta' attento!

zia	sale	signora	scientifico
zio	sterlina	signore	scottatura
scarpa	svizzera	sportivo	sapore
strumento musicale	sforzo	stanza	zucchero
studio medico			

Esercizio 4

Copy these drawings into your book and label them, choosing from the words in the box.

| lo studente | lo sciroppo | lo zio | lo sport | lo studio |
| lo zucchero | lo specchio | lo stomaco | lo stadio | |

Esercizio 5

Mark wants to see what his Italian friend Elena has written on her shopping list, but she has covered most of it with her bag.

Can you help him guess what some of the items might be?

Irregular nouns

Do you remember the way nouns normally change their endings when they change from singular to plural? These grids sum it up:

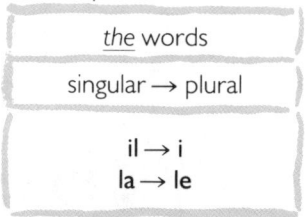

the words
singular → plural
il → i
la → le

endings of nouns
singular → plural
o → i
a → e
e → i

What do you notice about these words for parts of the body?

singular	plural
la mano	le mani
il braccio	le braccia

How are they different from other nouns?
They don't follow the normal pattern. They are *irregular*.

1. Which word is regular in the singular but not in the plural?
2. Which word is irregular in both the singular and the plural?

Answers: 1. braccio   2. mano

There's no special way of remembering irregular endings. You just have to learn them! Some people write down tricky words on slips of paper and keep them in their pocket to look at in spare moments. Other people find it helps to say them over and over in their head. Can you think of any other ideas?

Gli

By now you have learned many different words for *the* in Italian: **il, la, l', lo, i** and **le**.

You will remember that the word for *the* changes according to the noun that comes after it. For example, you say **il castello**, but **la spiaggia**. Do you remember which *the* word comes before masculine plural nouns like **francobolli**, **tortellini** or **castelli**? These examples will remind you:

> Mi piacciono molto i tortellini.
> Dove sono i francobolli?
> Andiamo a vedere i castelli!

Here are some sentences containing other masculine plural nouns.
What do you notice about the word for *the*?

> Ti piacciono gli animali?
> Generalmente gli italiani cenano verso le otto.

By looking carefully at some more examples, can you work out the rule for when you use **i** and when you use **gli**?

> I bambini mangiano un panino.
> Gli adulti prendono il tè.
>
> Dove sono i portafogli?
> Dove sono gli orecchini?
>
> Domani i musei sono aperti.
> Domani gli uffici postali sono chiusi.

You use **i** before masculine plural nouns which start with a consonant (**b, c, d, f, g, l, m**, etc.).
You use **gli** before masculine plural nouns which start with a vowel (**a, e, i, o** or **u**).

Esercizio 1

Fill in the gaps in these sentences with either **gli** or **i**, and match each sentence with the right picture.

1. Tutti _____ autobus vanno in centro.
2. Quanto costano _____ ombrelli?
3. Dove sono _____ libri?
4. Preferisci _____ orecchini gialli o quelli azzurri?
5. Ti piacciono _____ gatti?
6. _____ italiani mangiano molta frutta fresca.
7. Non mi piacciono molto _____ aeroplani.
8. _____ palazzi sono grandi, ma _____ appartamenti sono piccoli.

a.   b.   c.   d.

e.   f.   g.   h.

Here are some different nouns which also take **gli**. What do they have in common?

> Mi piacciono molto **gli spaghetti** e **gli spinaci**.
> **Gli scozzesi** parlano **agli studenti**.
> Voglio comprare un regalo per **gli zii**.

Did you notice that they are all words which start with **s + consonant** or **z**? They are **lo** words in the plural.

singular	plural
lo scozzese	gli scozzesi
lo studente	gli studenti
lo zio	gli zii

Esercizio 2
Check you understand the rules for **il**, **l'**, **i** and **gli** by copying out and filling in this grid.

singular	plural
lo studente	_____ studenti
_____ albergo	gli alberghi
il supermercato	_____ supermercati
_____ indirizzo	gli _____
il _____	_____ musei
l'_____	_____ autobus
_____ biglietto	i _____
l'_____	_____ ombrelli
_____ animale	
	_____ francobolli
_____ orecchino	
	_____ zainetti
_____ appartamento	

Esercizio 3
Ask your partner which of the two things shown here he or she prefers. Note down the answers, then swap round. Out of the ten, how many did you and your partner agree about?

Esempio:
> **A** Preferisci gli alberghi o i campeggi?
> **B** Preferisco gli alberghi.

1. alberghi / campeggi 
2. autobus  / treni 
3. treni  / aeroplani 
4. orecchini  / anelli 
5. elefanti  / tigri 
6. spaghetti  / ravioli 
7. ombrelli  / cappelli 
8. insetti  / uccelli 
9. piselli  / spinaci 
10. uomini  / animali

Sommario

With masculine plural nouns (nouns which usually end in **-i**), the word for *the* is **gli**
- before a vowel (a, e, i, o, u)
- before s + consonant
- before z.

Esempio:

singular	plural
l'albergo	gli alberghi
lo studente	gli studenti
lo zio	gli zii

8ª Unità

Fare: present tense

These are some of the things you have heard people saying:

- Che classe **fai**?
- **Faccio** la seconda.
- Giulio **fa** i compiti nel soggiorno.
- Oggi **facciamo** geografia.
- Quest'anno io devo **fare** latino.
- Quali materie **fate** nella vostra scuola?
- Anna e Laura **fanno** del pattinaggio stasera.

The words underlined are all parts of the same verb, **fare**, which usually means *do* or *make*.
If an Italian walks in while you are mowing the carpet with a lawnmower, he or she will probably say: **Ma che fai?**
What would we say in English?

A word in one language is never used in *exactly* the same way in another language. For example, when talking about school, Italians ask each other: *What class do you do?* Can you say that in Italian?

In this section, you will find out what the different parts of **fare** are, and how to use them. Let's start by looking again at the examples.

Esercizio 1
Can you find the Italian for what each of these people is saying?
(Look back at the last group of speech bubbles.)
Write the English and Italian sentences down in pairs.

- Today we are doing geography.
- This year I have to do Latin.
- Giulio does his homework in the living room.
- What subjects do you do at your school?
- What class are you in?
- I'm in the second year.
- What on earth are you doing?

Now look carefully at these two sentences:

Il lunedì faccio inglese.
On Mondays I do English.

Which of the two sentences uses more words?
What is the extra word?
What does **faccio** mean?

As you can see, **faccio** means *I do*, not just *do*.
Each of the different parts of **fare** has a different meaning.
You can tell whether an Italian means *I*, *you*, *he*, *she*, *it*, or *they* from the way in which the verb ends. And when you're speaking or writing, it's important to choose the right ending, or there may be some misunderstandings!

Now we'll look at each ending of **fare** in turn.

Faccio

Faccio la terza, e tu?
Anch'io faccio la terza.

These two Italians have just met and are comparing notes about school.

Are they both in the same year?
Which part of **fare** do they use to talk about themselves?

For greater emphasis on the *I*, you can put **io** in front:

Quest'anno io faccio la terza.
Io faccio la seconda.

But the *I* is still there even if you don't say **io**.
In Italian **io** means *I*, but it doesn't start with a capital letter unless it's at the beginning of a sentence.

Esercizio 2
The words in these sentences have been jumbled. Can you rearrange them to make sensible sentences?

1. prima   faccio   la   B.   Io
2. francese.   scuola   inglese   A   e   faccio
3. compiti   nel   miei   Faccio   i   soggiorno.

Fai

You need to be able to ask as well as answer questions. These are the questions our reporter put to the students. Can you link each one to its answer in exercise 2?
Which part of **fare** is the reporter using to say *you do* or *do you do*?

Fai una lingua straniera a scuola?
Dove fai i compiti?
Che classe fai?

You use **fai** when you're speaking to just one person with whom you are on first-name terms. For greater emphasis, you can put **tu** in front, but you don't need to.

Faccio la seconda. E tu che classe fai?
Tu fai la seconda? Anch'io.

Esercizio 3
This time a whole dialogue has been jumbled. Can you rearrange it?

- Faccio la prima classe del liceo linguistico.
- Cioè, inglese, tedesco... Fai tedesco, o francese?
- Faccio tre lingue straniere.
- Ciao! Posso chiederti, che classe fai?
- Non faccio tedesco, faccio il russo.
- Quante lingue fai?
- Fai il russo! Bravo!

Facciamo and fate

Faccio and **fai** often go together, when people are asking and answering questions about each other. Two other parts of **fare** which often go together are **facciamo** and **fate**. Here is our reporter chatting to a small group of young people on the beach in Rimini.

Che cosa fate?
Fate spesso del windsurf?
Facciamo del windsurf.
Lo facciamo il mercoledì il sabato.

What word does the reporter use to ask the young people what they are doing?
What word do they use to say what they are doing?
Why do you think they don't say **fai** and **faccio**?

You can add **noi** before **facciamo**, but you don't need to:

Facciamo means <u>we do</u> in English.

Fate means <u>you do</u> when you're talking to more than one person.

Adesso noi facciamo geografia.
Noi facciamo storia.

You can add **voi** before **fate**, but you don't need to.

Esercizio 4

For this exercise two of you will need to talk to two other people. When it is you and your partner's turn to speak, it does not matter which of you speaks the line.

Trova un(a) partner, poi mettetevi in un gruppo di quattro. Una coppia di ragazzi chiede ad un'altra coppia che classe fanno. Prendete le parti, poi scambiatevi i ruoli.

Esempio:

A/B: Cominciamo noi?
C/D: Va bene.
A/B: Che classe fate?
C/D: Facciamo la seconda.
A/B: (indicano il disegno giusto)

Esercizio 5

Two of you will need to speak to two other people, as in exercise 4. Now ask each other what subjects you do.

Esempio:

A/B: Quali materie fate?
C/D: Facciamo ... (scelgono 1, 2, 3 o 4.)
A/B: (indicano i simboli giusti)

Fa

Look again at this example of **fa**:

Giulio fa i compiti nel soggiorno.

Susanna is talking about where her brother does his homework. She isn't talking about herself and she isn't talking about you, the listener. She is talking about a third person, Giulio.

Here's another example. In her latest letter your penfriend has enclosed a photo of her friends, and told you a little about each one.

Questo è Claudio. Non è bello??? Ha 17 anni. Fa il meccanico.

Questa è Marina. Fa la 1ª B come me. È la mia migliore amica.

Questo è Alessandro. Fa la 3ª media. È molto simpatico.

Questa è Francesca. La chiamiamo "Surfy" perché fa il windsurf ogni pomeriggio.

Which part of **fare** does she use to tell you what each friend does?

Rispondi in italiano:
1 Cosa fa Francesca?
2 Cosa fa Alessandro?
3 Cosa fa Marina?
4 Cosa fa Claudio?

Esercizio 6

Use your judgement to decide which jobs these people have.

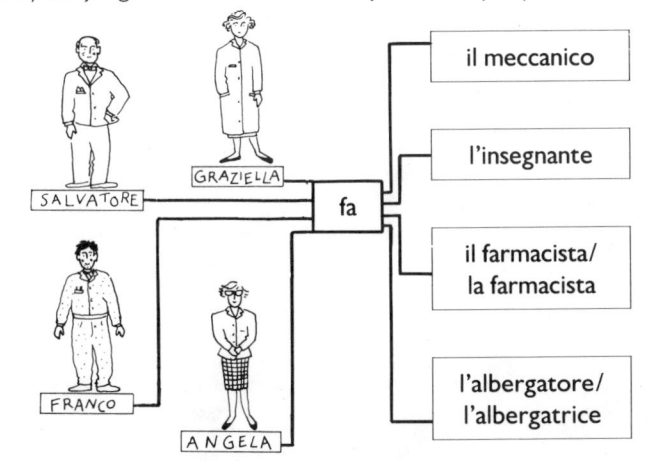

SALVATORE — GRAZIELLA — fa — il meccanico / l'insegnante / il farmacista / la farmacista / l'albergatore / l'albergatrice
FRANCO — ANGELA

Sei d'accordo con il tuo/la tua partner?

Fa can be used for things as well as people.

Quella macchina fa duecento chilometri all'ora.

E fa troppo rumore!

To emphasise *he* or *she*, you can add words like:

| lui | he |
| lei | she |

These are called pronouns.

Lei fa il meccanico.
Lui fa l'insegnante.
Lei fa il medico.
Lui fa l'albergatore.

> Che lavoro fa, Signor Rossi?
>
> Faccio il farmacista.
>
> Lei fa il servizio notturno?
>
> Sì, una volta alla settimana.

Using **Lei**

There's one more use of **fa**. It's the way of saying *you do* to someone older, especially someone you don't know well. You can put **Lei** in front if you want.

The boy pictured above is talking to his friend's father.

Fanno

Look at the difference between **fa** and **fanno**:

> Mi fa male la mano.
>
> Mi fanno male le mani.

> Questa ragazza fa scienze.
>
> Questi ragazzi fanno geografia.

You use **fa** when you're talking about what *one* person or thing is doing.
You use **fanno** when you're talking about what *two or more* people or things are doing.

Here are some more examples:

Mio fratello fa la prima elementare.

I ragazzi fanno del windsurf.

Lucia e Paolo fanno la scuola alberghiera.

La commessa fa una confezione regalo per il cliente.

1. 2. 3.
4. 5. 6.

Esercizio 7
Say what school subject each person or group pictured above is doing.

Fa	informatica	disegno
	educazione tecnica	ginnastica
Fanno	chimica	francese

Using the infinitive: **voglio fare, posso fare**

You often need to use the infinitive of the verb, too.

> Voglio fare una telefonata.
>
> Mi piacerebbe fare windsurf durante le vacanze.
>
> Mi può fare una confezione regalo?
>
> Devo fare i compiti adesso.

Esercizio 8
You are most likely to use the infinitive to say things like this:

Devo		i compiti
Voglio		un disegno
Non voglio		informatica
Vorrei	fare	filosofia
Mi piacerebbe		windsurf
Non posso		un viaggio a Marocco
Posso		una telefonata
Mi piace		un regalo a mia madre

How quickly can you write down twenty sensible sentences choosing from the words in the boxes?

Now we can put together all the parts of the verb **fare** which you have met so far.

Copia questa scheda nel tuo quaderno e riempi gli spazi.

FARE

I	io	
you (to one person)	tu	
he, she, it	lui lei	
you (polite)	Lei	
we	noi	
you (to two or more people)	voi	
they	loro	

Esercizio 9
Here are the examples from the beginning again, but this time with gaps. Can you write down the missing words without looking back?
For how many of the gaps is there more than one possible answer, and what are they?

1. Che classe _____?
2. _____ la seconda.
3. Giulio _____ i compiti nel soggiorno.
4. Quest'anno io devo _____ latino.
5. Quali materie _____ nella vostra scuola?
6. Oggi _____ geografia.
7. Anna e Laura _____ del pattinaggio stasera.

Esercizio 10

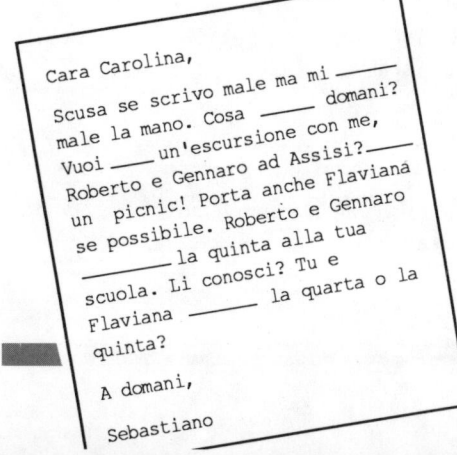

See how well you can use all the parts of **fare**.

Riempi gli spazi in questo biglietto.

Cara Carolina,
Scusa se scrivo male ma mi _____ male la mano. Cosa _____ domani? Vuoi _____ un'escursione con me, Roberto e Gennaro ad Assisi? _____ un picnic! Porta anche Flaviana se possibile. Roberto e Gennaro _____ la quinta alla tua scuola. Li conosci? Tu e Flaviana _____ la quarta o la quinta?

A domani,

Sebastiano

Sommario

General points about verbs

- Verb endings tell you whether the speaker or writer means *I*, *you*, *he*, *she*, *it* or *they*.
- **io**, **tu**, **lui**, **lei**, **Lei**, **noi**, **voi** and **loro** are optional for greater emphasis.
- After verbs like **devo**, **voglio**, **mi piacerebbe** and **posso**, you use the infinitive.

fare	to do
(io) faccio	I do
(tu) fai	you do *(to one person, on first-name terms)*
(noi) facciamo	we do
(voi) fate	you do *(to more than one person)*
(lui) fa	he does
(lei) fa	she does
(Lei) fa	you do *(to one person, not on first-name terms)*
(loro) fanno	they do

9ª Unità

In this section you are going to learn about another sort of verb. You have already come across examples of this kind of verb several times. Here are some familiar examples:

1. Come **ti chiami**? — **Mi chiamo** Elisa.

2. Cosa vuol dire 'pompelmo'? — Non **mi ricordo**.

3. Paolo **si alza** alle nove durante le vacanze.

4. **Ci troviamo** davanti al cinema?

5. Buongiorno, ragazzi! **Sedetevi**!

6. **LIDO DI JESOLO**
A Lido di Jesolo **si trovano** quattro campeggi, cinque supermercati

These are called *reflexive* verbs. Reflexive verbs often describe actions in which the people doing them are directly involved. They often describe actions that people do *to themselves* or *to each other*.

123

What Italians say	What the Italian actually means	What we usually say in English
Mi chiamo Massimo.	I call _myself_ Massimo.	My name's Massimo.
Ti alzi alle sette.	You get _yourself_ up at 7.	You get up at 7.
Pietro **si** sveglia alle nove.	Pietro wakes _himself_ up at 9.	Pietro wakes up at 9.
Ci troviamo a scuola, allora.	Let's meet _each other_ at school, then.	Let's meet at school, then.
Vi lavate in bagno.	You wash _yourselves_ in the bath.	You get washed in the bathroom.
Marco e Paolo **si** presentano.	Marco and Paolo introduce _themselves_.	Marco and Paolo introduce themselves.

Here are some more examples in the grid above.

The verb itself works as normal and takes the usual endings. The word _immediately before the verb_ tells you that the verb affects the person doing the action.
Look at the examples below.
In the **a.** sentence, the verb affects the person doing the action.
In the **b.** sentence, the person is doing the action to someone or something else and not to him/herself.

1a.	Mi sveglio alle sette.	~	I wake up at 7.
b.	Sveglio la mamma alle sette e dieci.	~	I wake up my Mum at 7.10.
2a.	Ti alzi alle otto.	~	You get up at 8.
b.	Alzi la mano per parlare con il professore.	~	You put up your hand to speak to the teacher.
3a.	Lorenzo si presenta.	~	Lorenzo introduces himself.
b.	Lorenzo presenta Mario a Gianni.	~	Lorenzo introduces Mario to Gianni.

Esercizio 1
Look at the verbs in these sentences. In each pair, one verb involves only the person(s) directly involved in the action (**a.**) and one verb is linked to the person(s) doing the action _and_ to someone or something else (**b.**).

Can you work out whether the verb in the sentence belongs to group **a.** or group **b.** and say which sentence fits each of the illustrations that follow?

1 i. Ciao. Mi chiamo Stefano.
 ii. Chiamo mio padre.
2 i. La mattina Roberto si lava i denti.
 ii. Roberto lava la macchina la domenica.
3 i. A scuola, alzi la mano quando vuoi rispondere ad una domanda.
 ii. La mattina ti alzi alle sette.
4 i. Durante le vacanze ci svegliamo alle otto e mezza.
 ii. Se torniamo alle due di mattina, svegliamo il cane del vicino.
5 i. Alzate le mani, ragazzi!
 ii. Vi alzate alle sette e un quarto durante la settimana.
6 i. Giovanni presenta sua sorella Irene a Michele.
 ii. Questi signori si presentano.

Reflexives are easy to recognise because they always have a word immediately before the verb which tells you that only the person or people doing the action are involved. They are easy to use too. All you need to learn are the words which show whom the action is done to.

Here is how one reflexive verb works:

mi alzo
ti alzi
(Pietro) **si** alza   (Lui) **si** alza
(Rosa) **si** alza   (Lei) **si** alza
ci alziamo
vi alzate
si alzano

Now write out these two reflexives in the same way: **lavarsi** and **presentarsi**.

Esercizio 2
Quando andrai in Italia, soprattutto se starai con una famiglia italiana, ti faranno domande come queste. Come risponderai?

Esempio:
Domanda: A che ora ti svegli la mattina?
Tu rispondi: Di solito mi sveglio alle 7.10.

1. Come ti chiami?
2. A che ora ti alzi per andare a scuola?
3. A che ora ti svegli la domenica?
4. La domenica ti alzi prima delle otto?
5. Ti svegli facilmente?
6. Ti lavi i denti dopo ogni pasto?

Esercizio 3
Stai con una famiglia italiana.
Vorresti fare come fanno loro: alzarti alla stessa ora, andare a letto quando ci vanno loro, ecc. Fai alcune domande per conoscere le loro abitudini. Ecco le loro risposte. Per ogni risposta, trova la domanda giusta.

Esempio:
Il tuo partner risponde: Mi alzo alle sette.
La tua domanda sarebbe stata: A che ora ti alzi la mattina?

La madre del tuo partner risponde: Mi alzo alle sei e mezza.
La tua domanda sarebbe stata: Signora, a che ora si alza (la mattina)?

1. Il tuo partner risponde: Mi sveglio alle sei e mezza.
2. Il tuo partner risponde: Mi lavo in bagno.
3. Il padre del tuo partner risponde: La domenica mi alzo alle nove.
4. Il fratello del tuo partner risponde: La domenica mi sveglio alle otto.
5. La madre del tuo partner risponde: La domenica mi alzo alle otto e mezza.
6. Il tuo partner risponde: Sì, mi lavo i denti dopo ogni pasto.

Esercizio 4
Hai portato con te fotografie della tua famiglia e dei tuoi amici. Durante la tua visita in Italia fai vedere queste fotografie ai tuoi amici italiani. Spieghi chi sono e come si chiamano.

Esempio:

a. Ecco mia sorella. **Si chiama Jackie.**

b. Ecco i miei migliori amici. **Si chiamano Jane e Tony**.

1. *Uncle Michael* — Ecco mio zio.
2. *Philip and Stuart* — Ecco i miei fratelli.
3. *Rachel and Dawn* — Ecco due mie amiche.
4. *Walter* — Ecco il mio cane.
5. *Grandma 'Molly'* — Ecco mia nonna.
6. *Andrew, Clare and Sally* — Ecco i miei cugini.

Sommario

- Reflexive verbs often describe actions that people do *to themselves* or *to each other*.
- The verb itself takes the usual endings.
- There is an extra word immediately before the verb:

| mi **chiamo** | si **chiama** | vi **chiamate** |
| ti **chiami** | ci **chiamiamo** | si **chiamano** |

10ª Unità

Io and tu forms of common verbs

Look at these sentences in which Italian students say what they like doing and what they actually do in their free time.

Lucia: Preferisco leggere. **Leggo** moltissimo, specialmente fumetti.

Andrea: **Faccio** i compiti, sì. Ma veramente non mi piace.

Andrea: Preferisco piuttosto suonare la chitarra ... ma **suono** soltanto musica rock.

Marco: Io preferisco guardare un video. **Guardo** soprattutto i vecchi film americani.

Notice that the verb you use to say what you do in your free time ends in the letter **-o**.

Esercizio 1

How would Italians explain their interests to you in a letter? Complete what they would write by supplying the missing word in these sentences.

Luca: Mi piace guardare la televisione. _____ la T.V. alle otto di sera.

Francesca: Non mi piace fare i compiti la sera. _____ i compiti la mattina alle sette.

Alessandra: Preferisco piuttosto suonare il pianoforte. Lo _____ a casa ogni sera dalle sette e mezza alle otto e mezza.

Claudio: Non mi piace giocare a scacchi. Non _____ mai a scacchi.

You'll need to ask questions to make an interesting conversation. So how do you ask your penfriend what he or she does after school? Look at these questions:

~ **Suoni** la chitarra? Davvero?
~ Dimmi Lucia, perché non **sei** d'accordo?
~ Adriana, ... cosa **fai** la sera, quando **hai** un po' di tempo libero?
~ Marco, **preferisci** guardare la televisione la sera, o **preferisci** guardare un video?
~ **Guardi** un video in inglese o in italiano?

Notice that this time, when you are asking someone whom you address by their first name about their interests and preferences, the verb ends in **-i**.

Esercizio 2

How could you ask similar questions of your penfriend when you write your next letter? By completing the following sentences correctly, you will show that you know what to do. The picture alongside each question will give you a clue as to which word you should choose.

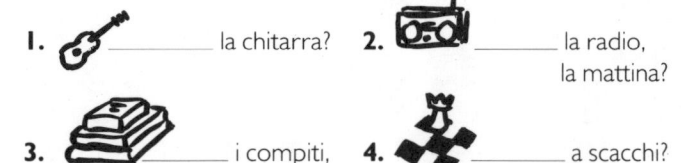

1. _____ la chitarra?
2. _____ la radio, la mattina?
3. _____ i compiti, il pomeriggio?
4. _____ a scacchi?

Esercizio 3

Look at the verbs in these sentences carefully.
Can you identify the sentences in which Matilde is talking about herself and the sentences in which Matilde is talking about someone else?
Write them out under these headings:

a) **Matilde is talking about herself.**
b) **Matilde is talking about her friend.**

1. Stasera guardo la televisione. C'è un film alle nove.
2. Suoni molto bene la chitarra.
3. Leggi troppe riviste.
4. Dopo cena faccio i compiti.
5. Leggo soprattutto fotoromanzi e fumetti.
6. Stasera non guardi la televisione? C'è un film alle nove.
7. Cosa fai domenica sera?
8. Non ascolto mai la radio. Preferisco guardare la televisione.
9. Preferisci andare in gelateria o in pizzeria?
10. Non suono molto bene la chitarra.

Sommario

When you talk about what you do or are doing, the verb ends in **-o**

Generalmente legg**o** delle riviste.
Stasera guard**o** la televisione.
Sabato mattina gioc**o** a tennis con Letizia.

When you ask a friend what he/she does or is doing, the verb ends in **-i**.

Generalmente legg**i** delle riviste o dei fumetti?
Stasera guard**i** la televisione?
Sabato mattina gioch**i** a tennis con Sabino?